Erlesene Küchengeheimnisse

aus dem

SCHLOSSHOTEL ORTH

★★★★★

AGNES PLUCH · RUDOLF GRABNER · JOHANN PARZER

Erlesene Küchengeheimnisse

aus dem

SCHLOSSHOTEL ORTH

★★★★★

rosenheimer

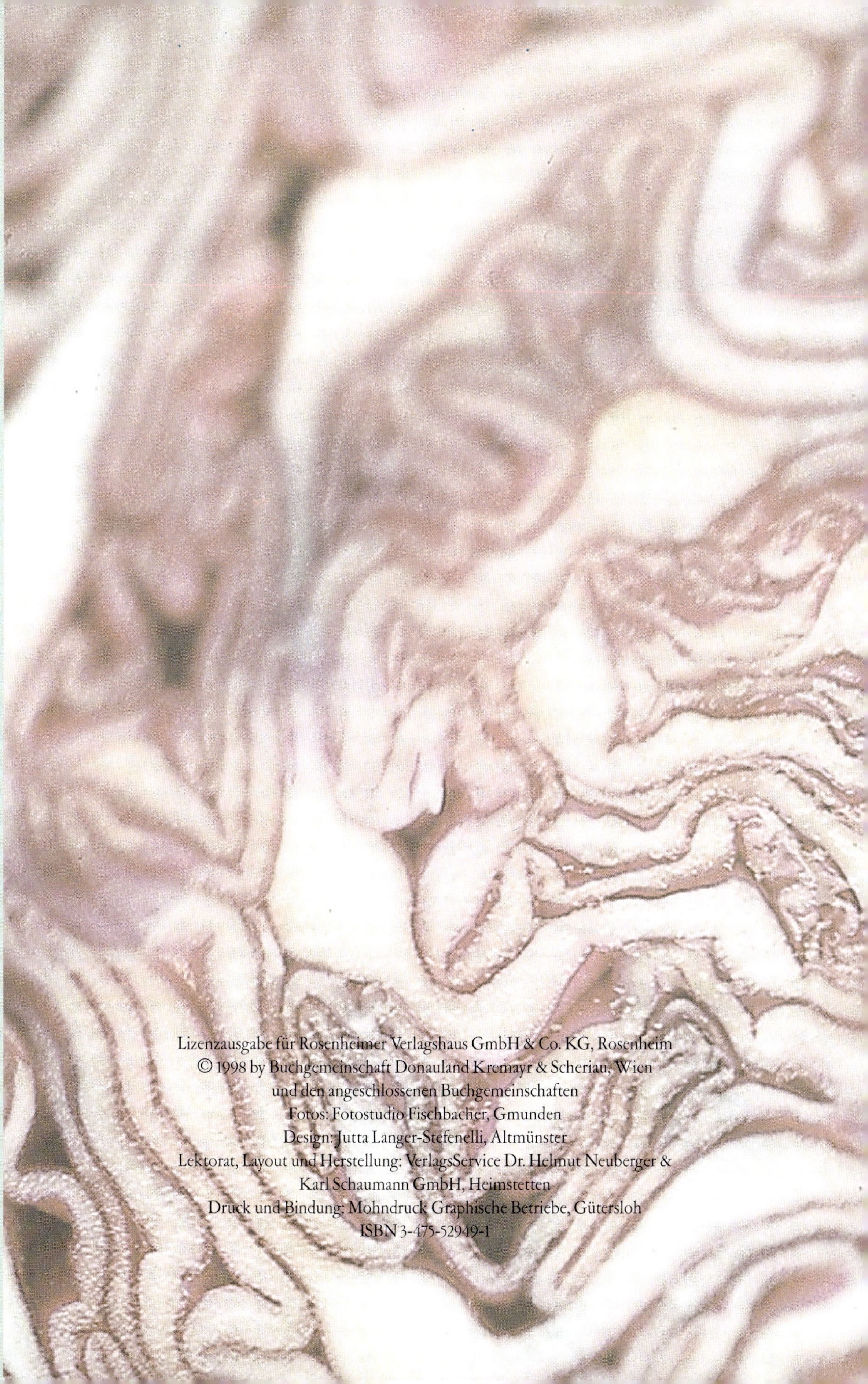

Lizenzausgabe für Rosenheimer Verlagshaus GmbH & Co. KG, Rosenheim

Fotos: Fotostudio Fischbacher, Gmunden
Design: Jutta Langer-Stefenelli, Altmünster
Lektorat, Layout und Herstellung: VerlagsService Dr. Helmut Neuberger &
Karl Schaumann GmbH, Heimstetten
Druck und Bindung: Mohndruck Graphische Betriebe, Gütersloh
ISBN 3-475-52949-1

Inhalt

Doppelt schmeckt's besser

Eigentlich sollten wir ja Konkurrenten sein, denkt man. Beide sind wir Spitzenköche, beide führen wir ein Lokal, das eine nur wenige Minuten vom anderen entfernt, beide haben wir unsere Hauben erkocht und zahlreiche Anerkennungen von Gourmetkritikern erhalten. Ein Konkurrenzkampf wäre also programmiert. Es gibt ihn aber nicht.

Johann Parzer

Als Helden einer Fernsehserie – drei Jahre engen Zusammenlebens mit dem Team von »Schloßhotel Orth« prägen! – wären wir wohl erbitterte Feinde, die sich beständig bekämpfen und gegenseitig Knüppel vor die Kochtöpfe werfen. Das wirkliche Leben aber ist, wie meistens, viel langweiliger, aber auch erfreulicher. Wir sind nicht nur gute Kollegen, sondern auch Freunde. Vielleicht hängt das auch damit zusammen, daß wir uns schon so lange kennen.

Beide sind wir hier am Traunsee geboren, Rudolf Grabner in Gmunden, Johann Parzer im Nachbarort Altmünster. Beide haben wir in Salzburg unsere Lehrzeit verbracht, gerade hundert Meter voneinander entfernt.

Danach aber trennten sich unsere Wege für viele Jahre. Rudolf Grabner ging nach einigen Jahren im Salzburger »Peterskeller« – wo er es zum jüngsten Küchenchef Österreichs brachte – unter anderem nach Südtirol und Linz. Dort gewann er für die »Kremsmünsterer Stuben« die erste Gault-Millau-Haube.

Johann Parzer bereiste indes die Welt und war sogar als Küchenchef auf Kabinenschiffen der Köln-Düsseldorfer Rheinschiffahrtsgesellschaft tätig. Beim »Wirt am Berg« in Wels erkochte er seine erste Haube. Fast gleichzeitig kehrten beide aber wieder in die Heimat zurück. Rudolf Grabner übernahm den elterlichen Betrieb in Gmunden und Johann Parzer die Position des Küchenchefs und Geschäftsführers im »Schloßhotel Freisitz Roith«.

Die Nächte in Gmunden sind lang, fröhlich und vor allem kreativ. In einer dieser inspirierten Nächte wurde in dem Lokal unseres Freundes und Kollegen Gerry

Deicker eine großartige Idee geboren. Fusionierung ist heutzutage in der Wirtschaft das Zauberwort schlechthin. Alle fusionieren, warum nicht auch wir, drei Gastronomen. Seitdem richten wir gemeinsam Catering für Großveranstaltungen aus.

Wahrscheinlich ist dieser Zusammenschluß von drei Kollegen aus dem Gastgewerbe ohne Neid und Konkurrenz in Österreich einmalig. Unser letzter Streich war, daß wir zu dritt die Gastronomie im kürzlich gegründeten Restaurant im Seeschloß Orth, den »Orther Stuben«, übernommen haben. Seitdem kann man den Schauplatz der beliebten Fernsehserie nicht nur besichtigen, sondern dort auch gut essen und trinken.

Es ist nicht zu leugnen, die Serie »Schloßhotel Orth« hat unser Leben verändert. Zum einen wurde die Gegend rund um Gmunden gleichsam aus einem Dornröschenschlaf geweckt – sie aus dem gastronomischen Dornröschenschlaf zu wecken, dazu haben vielleicht auch wir unseren Teil beigetragen. Zum anderen sind uns die Mitwirkenden an der Serie nicht nur zu geschätzten Kunden, sondern viele auch zu lieben Freunden geworden.

Außer unserer Freundschaft und Zusammenarbeit verbindet uns beide auch eine ähnliche Kochphilosophie. Beide legen wir besonderen Wert auf frische Produkte aus der Region, wobei diese an Vielfalt nichts zu wünschen übrig lassen. Aus ökonomischer Sicht könnte das Salzkammergut ohne weiteres ohne Lebensmittelimporte existieren. Beide bevorzugen wir Gerichte, die auf den traditionellen Rezepten unserer Region basieren und verfeinert werden.

Rudolf Grabner

Bei aller Freundschaft hat natürlich auch jeder von uns seine kleinen Küchengeheimnisse, die er nicht einmal dem anderen gerne preisgibt. Aber nun hat das Spionieren in den Töpfen des Kollegen ein Ende. Denn in diesem Buch ist für jedermann ein großer Teil unser gemeinsamen Wissens nachzulesen.

In diesem Sinne wünschen wir Ihnen viel Spaß beim Lesen, Nachkochen und Genießen!

Vorwort

Kochen, Essen, Trinken haben mit Kultur zu tun, und das Land rund um das Seeschloß Ort, dem schönen Schauplatz unserer Fernsehgeschichten »Schloßhotel Orth«, scheint ein besonders guter Nährboden für jede Art von Kultur zu sein. Hier haben sich schon viele Künstler Inspirationen für große Werke geholt, wurden angeregt und beflügelt. Franz Schubert, Richard Wagner, Hugo Wolf, Herzmanovsky Orlando, Thomas Bernhard und heute Knut Boeser, der mit der wunderbaren Malerin Xenia Hauser verheiratet ist. Er war es auch, der die ersten Geschichten rund ums »Schloßhotel Orth« entwickelte.

Es ist also nicht verwunderlich, daß das Land um den Traunsee auch zwei große Kochkünstler hervorgebracht hat: Rudolf Grabner und Johann Parzer. Grabners Eltern waren selbst schon Gastwirte hier, seine unzähligen Geschwister, ich glaube zwölf an der Zahl, sind es auch. Das Schloß Fuschl machte Grabner zum Gourmet-Tempel, Parzer den »Wirt am Berg« in Wels. Beide kehrten nach Jahren wieder in ihre Heimat zurück, und Rudolf Grabner hat es mittlerweile sogar zu drei Hauben im Gault Millau gebracht.

Wir, die Produzenten, Redakteure, Mitarbeiter und Schauspieler der Serie »Schloßhotel Orth« gehen liebend gerne zum »Grabner« und zum »Parzer«. Die gemütliche Holzstube von Rudolf Grabner ist uns, genauso wie das schöne Restaurant im »Freisitz Roith«, in dem Johann Parzer kocht, beliebter Treffpunkt geworden. Vieles, was später über die Bildschirme läuft und Sie amüsiert und unterhält, ist eben hier entstanden.

Wer unsere Episoden rund ums Schloßhotel kennt, weiß, daß darin die Küche selbst eine zentrale Rolle spielt. Hervorragend eignet sie sich für »Gschichterln«, die sich sozusagen hinter den Kulissen eines Hotels abspielen. Als Direktor Wenzel Hofer, eine Rolle, die ich mag und sehr gerne spiele, gehe ich ja selbst oft in die Küche – nicht unbedingt, um zu kontrollieren oder in die Töpfe zu schauen, sondern um zu plauschen. Geburtstage werden hier gefeiert, und mein Filmsohn Franzl schleicht sich immer wieder hier hinein, um zu naschen. Anna, die Filmköchin, und Schimek, der Portier, knüpfen hier zarte Bande. Wenn Schimek einmal verschwunden scheint, wo ist er? Na, in der Küche auf einen Kaffee. Soweit unser geliebtes Schloßhotel. Zurück in die Wirklichkeit.

Wenn wir zu Rudl Grabner essen gehen, gehe ich persönlich immer wieder gerne selbst »nach hinten« in die Küche, um ihn und seine hübsche Frau Sabine zu begrüßen. Will ich aber wissen, wie er diese oder jene Speise zubereitet hat, antwortet er stets nur mit einem Scherz. So blieb bislang vieles ein erlesenes Geheimnis. Mit diesem Buch aber erlauben uns unsere beiden Meisterköche einen ausgiebigen Blick hinter die Kulissen und geben dabei viele ihrer Geheimnisse preis.

Die Küche öffnet sich nun auch für Sie, liebe Leser. Lassen Sie sich nun inspirieren und ebenso fürstlich verwöhnen, wie seinerzeit die Adeligen dieser Gegend, Erzherzog Johann Salvator, Urenkel von Kaiser Leopold II. und Besitzer von Seeschloß Ort, der König von Hannover (Villa Thun), die Familie Cumberland (Schloß Cumberland), die Mitglieder der Häuser Habsburg-Lothringen und Württemberg.

Hier am Traunsee, wo die Menschen freundlich sind und vieles noch im Lot ist, wird erstklassig gekocht – bodenständig und trotzdem mit exquisiter Qualität. Allein bei der Lektüre dieses Buches wird Ihnen das Wasser im Mund zusammenlaufen, um so mehr, wenn Sie die Rezepte zu Hause nachkochen.

Gutes Gelingen und wohl bekomm's!

Land und Leute

Mitten in Österreich liegt es, dieses 60 mal 60 Kilometer große Gebiet, das zwar verwaltungspolitisch gar nicht existiert, dessen Name aber bekannter ist als der so manchen Bundeslandes: das Salzkammergut. Drei Bundesländer, nämlich Oberösterreich, Salzburg und die Steiermark, müssen sich das Salzkammergut teilen, wobei Oberösterreich mit rund 72 Prozent den Löwenanteil abbekommen hat. Es umfaßt ein Gebiet, das im Osten vom Toten Gebirge, im Süden vom Dachstein, im Westen vom breiten Becken des Fuschlsees und im Norden von den Voralpen begrenzt wird. Dazwischen liegt mit rund 80 Seen, mit Hügeln und Bergen eine der wohl schönsten Landschaften Österreichs. Kein Wunder, daß das Salzkammergut vor allem im vorigen Jahrhundert das klassische Ziel für die Sommerfrische war. 83 Sommer verbrachte Kaiser Franz Joseph I. in Bad Ischl, und eine Reihe von Adels- und Bürgerfamilien folgten seinem Beispiel, wovon heute noch viele präch-

tige Villen und Paläste zeugen. Aber auch zahlreiche Künstler hat es hierher gezogen. Unter ihnen finden sich Namen wie Arthur Schnitzler, Hugo von Hofmannsthal, Rainer Maria Rilke, Johann Strauß, Johannes Brahms, Gustav Mahler, Anton Bruckner. Die Liste ließe sich beliebig fortsetzen, und auch heute noch strömt viel Prominenz hierher.

Woher das Salzkammergut seinen Namen hat, ist nicht allzu schwer zu erraten. Schon vor dreitausend Jahren wurde in Hallstatt Salz abgebaut, doch zur Blüte kamen die Abbaustätten in Hallstatt, Bad Ischl und Altaussee aber erst ab dem 13. Jahrhundert. Da das »weiße Gold« als begehrtes Handelsgut für das Habsburger Reich so wichtig war, wurde das Gebiet direkt der »Hofkammer« in Wien unterstellt. Es wurde also ein »Kammergut«. Der oberste Verwalter des Salzkammergutes saß im Kammerhof in Gmunden, womit wir schon mitten auf unserem Hauptschauplatz wären.

Malerisch liegt das Seeschloß Ort auf einer Insel im Traunsee

In Gmunden fährt man mit der »kürzesten« Straßenbahn der Welt

Berg und See, Fluß und Stadt

Natürlich ist Gmunden eine der schönsten Städte des Salzkammergutes. Das Salz machte die Stadt wohlhabend. Herrschaftliche Villen und Bürgerhäuser, das Renaissance-Rathaus mit dem berühmten Keramik-Glockenspiel und die älteste Apotheke des Salzkammergutes zeugen davon. Doch erst ihre Lage am Traunsee unter dem mächtig aufragenden Traunstein und die Traun mit ihrem klaren Wasser machen das Flair der Kurstadt so einmalig.
Vielleicht schwingt deshalb auch eine Prise Neid mit, wenn die Bewohner des restlichen Salzkammergutes die Gmundner bisweilen »Die Wiener des Salzkammergutes« nennen.
Der Traunsee ist der tiefste See des Salzkammergutes. Bei den Römern wurde er »Lacus felix« genannt, der glückliche See. Er war wohl schon damals einer der schönsten, wenn auch niemals einer der wärmsten. Daß die Gäste des »Schloßhotel Orth« ihn trotzdem über Monate als Badesee zu schätzen wissen, ist ein Stück dichterische Freiheit.
In jedem Fall kann man hier aber hervorragend segeln, surfen, Wasserski fahren und noch eine weitere Attraktion Gmundens bewundern, nämlich den ältesten noch aktiven Raddampfer der Welt. Damals, als die alte »Gisela« gebaut wurde, war die Schiffahrt am Traunsee noch bitter notwendig, denn es gab noch keine Landverbindung zwischen Gmunden und Ebensee. Heute ist das reine Vergnügen Grund genug, das Schiff zu besteigen und über den Traunsee zu gleiten.
Aber in Gmunden macht man eben vieles nur des Genusses wegen. Für eine Hochzeit wurde die »Gisela« wohl erstmals in unserer Serie genutzt, aber vielleicht macht das ja in Zukunft Schule, und der alte Dampfer kommt zu neuen Ehren.
Ebenso klar wie das Wasser des Traunsees, ist das der Traun, in die er mündet. Bekannt ist die Traun vor allem als Eldorado der Fliegenfischer. Dieser Sport hat immer wieder bekannte Persönlichkeiten nach Gmunden gezogen. Präsident Dwight D. Eisenhower oder auch Charles Ritz, der ehemalige Besitzer des gleichnamigen Pariser Luxushotels, haben hier geangelt.

Wahrscheinlich haben sie hin und wieder eine Forelle von sechs oder sieben Kilo aus dem Wasser gezogen, denn solch stolze Exemplare sind hier keine Seltenheit.
Wo sich gut angeln läßt, läßt sich natürlich auch gut Fisch essen. Die Güte der Fische, »die aus dem Trinkwasser kommen«, ist weithin bekannt. Saiblinge, Forellen und Reinanken finden sich allerorts auf den Speisekarten.
Der Traunstein zählt mit seinen nicht einmal 1700 Metern Höhe zu den gefährlichsten Bergen Österreichs. Jahr für Jahr muß die Bergrettung Touristen aus seinen rutschigen Hängen bergen.
Selbstverständlich hat Gmunden noch viel mehr an Sehenswürdigkeiten zu bieten, die weltberühmte Keramik etwa oder die kürzeste Straßenbahnlinie der Welt, und natürlich das Seeschloß Ort.

Die »Gisela« lädt zu einer romantischen Rundfahrt über den Traunsee

Dichtung und Wahrheit

Eine Hotelserie mußte es sein. Ein Hotel ist schließlich ein idealer Schauplatz für eine Fernsehserie. Gäste kommen und gehen, lieben, leiden, betrügen, lügen und versöhnen sich wieder. Jede Folge ein Schicksal, und dann gibt es noch Personal und Hoteliersfamilie, die ebenfalls reichlich Stoff für Geschichten liefern. Wunderbar!

Diese Idee stand also am Anfang, und man hatte das weltberühmte Hotel Imperial in Wien als Schauplatz auserkoren. Es wurde schon fleißig am Konzept gebastelt, bis allen Beteiligten klar wurde, daß zu Österreich seine Berge, Seen und wunderbaren Landschaften gehören. Also kehrte man Wien und dem Imperial den Rücken und wandte sich nach Westen, zum Schloßhotel Fuschl. Als man dort anfragte, erhielt man die freundliche Antwort, daß ein Drehteam gerne für ein bis zwei Tage willkommen sei. Über längere Zeit hinweg könne man es im Hotel aber nicht brauchen. Schließlich sei das Hotel ein florierender Betrieb, und dieser könne nicht so lange gestört werden. Die Drehzeit für eine Staffel beträgt aber rund sechs Monate. Es blieb also nichts anderes übrig, als weiter auf die Suche zu gehen.

Es war Herbert Reutterer von der Produktionsfirma Satel, der zuerst an das Seeschloß Ort mit seiner einmaligen Lage auf der kleinen Insel im Traunsee dachte. Als man dann jedoch nach Gmunden kam, war die Enttäuschung groß. Denn das Schloß, das kurz zuvor von der Gemeinde gekauft worden war, befand sich in erbärmlichem Zustand. Doch nun hatte man es sich in den Kopf gesetzt: Man wollte hier in Gmunden drehen. Und das war gut so.

Das Seeschloß Ort hat nämlich eine Geschichte, die in all ihren melodramatischen Entwicklungen jeder Fernsehserie Ehre macht. Erstmals urkundlich erwähnt wurde es im Jahre 909 als »Veste Orth«. 1876 ging das Schloß in den Besitz von Erzherzog Johann Salvator aus der toskanischen Linie der Habsburger über. Der war nicht nur ein rebellischer, sondern auch ein überaus musischer Mensch. Selbst leidenschaftlicher Komponist, verliebte er sich in die Tänzerin Milly Strubel, was natürlich im Hause Habsburg nicht gern gesehen war. So verzichtete er auf Titel und Ehren und nahm in der Folge den bürgerlichen Namen »Johann Orth« an – ein handfester Skandal.

Zurück ins Jahr 1995. Parallel zu den aufwendigen Renovierungsarbeiten nach den Auflagen des Denkmalschutzamtes nahm man die weitere Planung in Angriff. Auf dem Papier wurde das »Innenleben« des

Hotels entworfen und später in einem Studio aufgebaut.

Wer nämlich ins Schloß Ort kommt, um ein Zimmer zu mieten, wird Schwierigkeiten haben. Nicht weil alles ausgebucht ist, sondern weil das Hotel in Wirklichkeit gar nicht existiert. Schon bei der Suche nach der Drehtür wird man scheitern; denn auch diese befindet sich – ebenso wie die Bar, der Speisesaal, die Hotelzimmer – in einem Studio in Gmunden.

Die Gmundner waren es wohl leid, neugierigen Touristen zu erklären, daß sie im Schloß vergebens auf Bewirtung warten, und eröffneten im Frühjahr dieses Jahres ein Restaurant im Schloß. Seither kann man hier nicht nur heiraten – das Schloß ist mit seiner Kapelle und dem Standesamt beliebter Ort für Hochzeiten –, sondern auch vorzüglich speisen.

Auch wenn es hier keine Zimmer gibt, ist das Schloß in jedem Fall einen Besuch

Der Traunstein und das Bergmassiv der »Schlafenden Griechin« mit dem Traunsee

wert, um etwa den dreieckigen Innenhof mit seinen Laubengängen, die spätgotische Außentreppe oder das Sgraffito, das die Höhe der Hochwasser verzeichnet, zu besichtigen.

Damit man sich in Gmunden nasse Füße holt, muß freilich nicht unbedingt Hochwasser herrschen. Davon weiß das Drehteam der Serie ein Lied zu singen. Der Schnürlregen gehört eben zum Salzkammergut wie der Sonnenschein zur beliebten Fernsehserie. Daß trotzdem jedes Jahr 13 mal 45 Minuten Schönwetter über die Bildschirme in Österreich und Deutschland flimmern, grenzt fast an ein kleines Wunder und ist wahrscheinlich auch dem Gmundner Bürgermeister zu verdanken, der freundlicherweise vor Drehbeginn ein Stoßgebet gen Himmel zu schicken pflegt. Ein besonderes Schnippchen hat das Wetter dem Team aber beim Dreh zur Weihnachtsfolge geschlagen; denn über fünf Wochen fiel im Salzkammergut kein Flöckchen Schnee. Also mußte man, wie so oft beim Film, zu Kunstmitteln greifen, und wenn Wenzel Hofer (Klaus Wildbolz) mit dem Hund Barry durch den tiefen Schnee stapft, dann stapft er in Wahrheit eben durch Kunstschaum.

Barry ist im übrigen, genauso wie Rupert Apfl-Nußbaumer, der den Franzl spielt, ein Einheimischer. Seine Rolle hat der Hund dem Umstand zu verdanken, daß Rupert zum ersten Casting gemeinsam mit ihm erschienen ist. Das begabte Tier wurde vom Fleck weg engagiert und die Drehbücher noch um eine »Hunderolle« ergänzt. Wenn Rupert jetzt durch Gmunden läuft, kann es ihm schon passieren, daß er mit »Franzl« angeredet wird. Die Gmundner leben eben mit »ihrer« Fernsehserie mit. Gerüchten zufolge ist zum Sendetermin von »Schloßhotel Orth« ganz Gmunden ausgestorben, denn alle sitzen vorm Fernsehschirm.

Das einzige Haus, das in Gmunden wirklich den Namen »Schloßhotel« trägt – das »Schloßhotel Freisitz Roith«, spielt in unserer Serie die Rolle des Konkurrenzhotels »Traunstein«. Und wenn den Gästen in der Serie das Restaurant »Mühle« empfohlen wird, dann kehren sie in Wahrheit bei Rudolf Grabner ein. Dichtung und Wahrheit liegen eben nahe beieinander.

Daß hier der Name unseres Schlosses einmal »Ort«, dann wieder »Orth« geschrieben wird ist kein Tippfehler. Auf dem Wegweiser steht »Seeschloß Ort«, und auch in den meisten Führern ist diese Schreibweise zu lesen. Für die Fernsehserie hat man sich jedoch für die alte Schreibweise entschieden.

Der Rathausplatz in Gmunden

Vom Essen und Trinken

Böse Zungen behaupten, daß es das Filmteam hier nur so lange miteinander ausgehalten hat, weil das Essen so gut ist. Daß die Stimmung unter allen Mitarbeitern über so viele Monate entspannt ist, muß wohl auch daran liegen, daß eine feine Mahlzeit und ein gutes Glas Wein auch die erhitztesten Gemüter besänftigen.

Manche erzählen sogar, daß einige der Gaststars, darunter so klingende Namen wie Anja Kruse, Ruth Maria Kubitschek, Fritz Muliar, Dagmar Koller, Doris Kunstmann, Ulrich Pleitgen u. v. m., das Rollenangebot nur wegen der weithin bekannt guten Küche in Gmunden angenommen haben. Das ist natürlich Übertreibung. Wahr ist aber, daß Frau Kubitschek an jedem Abend in Rudolf Grabners Restaurant zu finden war.

Jeder der Serienstars hat längst seine Leibspeise gefunden, und daher wird in der Folge auch jedes Kapitel von einer Figur präsentiert. Klaus Wildbolz ist wie viele seiner Schauspielerkollegen selbstverständlich längst Stammgast bei Grabner und Parzer, und auch Ihnen, unserem hochverehrten Publikum, wollen wir nun die Küchengeheimnisse unserer Spitzenköche nicht mehr länger vorenthalten.

Daß Fanny Strobel auch bei einem mehrgängigen Menü oft nur die Vorspeise ißt, liegt erstens daran, daß sie meist gleich zu einem nächsten Termin hetzen muß, und zweitens, daß sie Vorspeisen liebt. Ein Reinankenmousse beispielsweise kann, ihrer Meinung nach, gar nicht mehr von einem noch so guten Hauptgang übertroffen werden.

empfohlen von Fanny Strobel

Vorspeisen

Aller Anfang ist leicht

Terrinen und Pasteten, Mousse und Sülzchen, gebratene Fische und Geflügel auf frischen, knackigen Salaten mit feinen Dressings, Tartar aus geräucherten Fischen und würzige Aufstriche. Läuft Ihnen schon das Wasser im Mund zusammen? Wenn ja, ist es gut, denn genau das ist die Funktion einer Vorspeise in der Menüfolge. Die Vorspeise dient als »Magentrazerl«, und »trazen« heißt hier so viel wie »kitzeln«. Wenn man in Frankreich mit dem »Amuse gueule«, den Gaumen erfreut, so geht man bei uns eben schon ein bißchen tiefer und kitzelt den Magen. Wie auch immer, der erste Gang soll den Magen vorwiegend anregen, auf das vorbereiten, was da noch kommt. Ganz sanft soll man auf das kommende Mahl eingestimmt werden.

Kaninchensülze

Für 10 Portionen

Tips

Den Kaninchenfond müssen Sie nicht unbedingt selbst machen. Fleischfonds gibt es im Feinkostgeschäft in guter Qualität zu kaufen.

Eine Consommé (Kraftbrühe) ist recht aufwendig herzustellen. Lassen Sie eine gute selbstgemachte Fleischsuppe erkalten, nehmen Sie das Fett restlos ab, und kochen Sie die Brühe noch etwas ein.

Besonders gut schmeckt die Vinaigrette, wenn man sie mit Kürbiskernöl zubereitet.

- 5 Kaninchenrücken
- 40 g Butter
- je 2 Zweige Thymian und Rosmarin
- 1 Bund Suppengrün
- 3 EL Öl
- 1 kleine Dose Tomatenmark
- 2 Lorbeerblätter
- 2 Knoblauchzehen
- 12 Blatt Gelatine
- je 100 g Karotten und Champignons
- Salz und Pfeffer aus der Mühle
- 20 g Schalotten
- 100 ml Consommé
- je 1 Bund Kerbel, Petersilie, Liebstöckel und Schnittlauch
- je 6 cl Walnuß- und Traubenkernöl
- 2 cl Sherryessig
- 1/2 TL Dijonsenf
- etwas Zucker

1 Die Kaninchenrücken auslösen und von Häuten und Sehnen befreien. 30 g Butter in einer schweren Pfanne erhitzen, die Filets darin rosa braten und beiseite stellen. Die Kräuter und das Suppengrün waschen, trockentupfen und fein hacken. Eine große Terrinen- oder Kastenform kalt stellen.

2 Das Öl in einem großen Topf erhitzen. Knochen und Abschnitte von den Kaninchenrücken im heißen Öl scharf anrösten, das Suppengrün etwas mitbraten. Das Ganze mit 1 1/2 l kaltem Wasser aufgießen, Tomatenmark, Lorbeerblätter und die Kräuter dazugeben, die Knoblauchzehen durch die Presse dazu drücken, und alles etwa 2 Stunden langsam köcheln lassen. Den Fond durch ein Sieb abgießen und auf großer Flamme auf etwa 3/4 l einkochen.

3 Die Gelatine in reichlich kaltem Wasser einweichen, ausdrücken und in den heißen Fond geben. Mit dem Schneebesen so lange rühren, bis sich die Gelatine vollständig gelöst hat. Den Fond beiseite stellen.

4 Die Karotten klein würfeln und in wenig Salzwasser bißfest kochen. Die Champignons blättrig schneiden und in der restlichen Butter nicht zu weich dünsten.

5 Die gekühlte Form etwa 5 mm hoch mit dem Kaninchenfond füllen und erstarren lassen. Die Kaninchenrücken und das Gemüse in die Form schichten, mit dem Fond aufgießen und bis zum Erstarren kalt stellen.

6 Für die Vinaigrette die Schalotten sehr fein würfeln. Die Consommé aufkochen, die Schalotten kurz mitkochen, beiseite stellen und abkühlen lassen. Inzwischen die Kräuter waschen, trockentupfen und fein hacken. Die Consommé mit den Ölen, dem Essig, dem Senf und den Kräutern gut verrühren und mit Salz, Pfeffer und Zucker würzig abschmecken.

7 Die Form kurz in heißes Wasser tauchen, die Sülze stürzen, in Scheiben schneiden und mit der Vinaigrette anrichten.

(Foto rechts)

Flußkrebse mit Sauternessauce

- 400 g Karotten
- 300 g Sellerieknolle
- 300 g Lauch (nur das Weiße)
- etwas Salz
- 32–40 Stück Flußkrebse
- 1 TL Kümmel
- 2 Bund Frühlingszwiebeln
- 2 große Äpfel
- 20 g Butter
- 2 EL Butterschmalz
- $^1/_2$ l Sauternes
- 1 EL Tomatenmark
- $^1/_8$ l Fischfond
- $^1/_8$ l Obers
- 1 EL Crème fraîche
- etwas Salz und weißer Pfeffer aus der Mühle

1 Die Karotten und den Sellerie waschen, schälen und würfeln. Den Lauch putzen, waschen und in feine Ringe schneiden.

2 In einem großen Topf reichlich Salzwasser aufkochen lassen. Die Krebse zusammen mit der Hälfte des Gemüses ins kochende Wasser geben. Mit dem Kümmel würzen, und das Ganze 10 bis 12 Minuten garen. Die Krebse aus dem Topf nehmen, in Eiswasser abschrecken, ausbrechen und die Karkasse gut waschen.

3 Die Frühlingszwiebeln waschen und in gleich große Stücke schneiden. Die Äpfel schälen und in gleichmäßige Scheiben schneiden. Mit einem runden Ausstecher das Kerngehäuse ausstechen.

4 Die Frühlingszwiebelstücke in Butter anschwitzen, die Äpfel dazu geben, kurz durchschwenken und mit den Krebsen auf Tellern anrichten.

5 Für die Sauce in einer großen, schweren Pfanne 1 Eßlöffel Butterschmalz erhitzen und das restliche Gemüse darin scharf anrösten. In einem breiten Topf das restliche Butterschmalz erhitzen und die gut abgetropften, trockenen Krebskarkassen anrösten. Das Röstgemüse zu den Krebskarkassen geben und alles noch wenige Minuten weiterrösten. Das Ganze mit dem Sauternes ablöschen und das Tomatenmark einrühren.

6 Die Sauce mit dem Fischfond aufgießen und auf großem Feuer rasch einkochen lassen. Mit dem Obers auffüllen und nochmals auf die Hälfte reduzieren lassen, bis die Sauce zu einer sahnig-cremigen Konsistenz eingedickt ist. Die Sauce vom Feuer nehmen und durch ein Mulltuch abseihen. Die Crème fraîche in die Sauce geben, das Ganze mit dem Stabmixer gut aufmixen und mit Salz und Pfeffer abschmecken. Etwas Sauce über die Krebse geben, den Rest getrennt servieren.

(Foto links)

Für 4 Portionen

Tips

Fischfond gibt es in guter Qualität im Glas zu kaufen.

Wenn Sie Fischfond selbst herstellen wollen, lassen Sie 1 kg Fischgräten und -köpfe mit 1 Zwiebel, 1 Stange Lauch, 1 in Scheiben geschnittenen Zitrone, 1 Lorbeerblatt, $^1/_4$ l Weißwein, Salz und Pfeffer in 2 l Wasser langsam aufkochen. Kochen Sie das Ganze reichlich 15 Minuten, und lassen es abkühlen. Seihen Sie die erkaltete Fischbrühe ab, und kochen Sie diese langsam auf die Hälfte ein.

Sauternes sind süße, weiße Bordeauxweine. Als Getränk nehmen Sie besser einen trockenen Weißwein.

Lachstatar

Für 4 Portionen

Tips

Wenn Sie eine Aversion gegen rohen Fisch haben, können Sie für das Tatar auch Räucherlachs verwenden.

Kochen Sie von der Tomatensauce immer eine größere Menge, und verwenden Sie den Rest für ein Pastagericht.

- ca. 400 g Lachsfleisch ohne Haut und Gräten
- 1 Schalotte, 1/2 Bund Dill
- Saft von 1 Zitrone, etwas Balsamicoessig und Knoblauchessig
- Salz und Pfeffer aus der Mühle
- 3 EL Olivenöl, 1 EL Nußöl
- 2 EL Noilly Prat (trockener weißer Vermouth)
- 250 g Mehl, 2 Eigelb, 1 Ei
- 1 Becher Obers (200 g)
- 1 Stück Räucherlachs (ca. 50 g)
- 1 Becher Sauerrahm
- 1/4 l Tomatensauce
- einige gelbe Salatblätter
- 2 TL Kaviar, 4 Dillzweige

1 Für das Tatar 240 g Lachs, die Schalotte und den Dill fein hacken. Das Lachsfleisch mit Schalotte und Dill mischen und mit dem Zitronensaft, einigen Spritzern von beiden Essigen, Salz, Pfeffer, 1 Eßlöffel Olivenöl und dem Nußöl würzig anmachen. Die Masse zu gleichmäßigen Tatarlaibchen formen und kalt stellen.

2 Das restliche Lachsfleisch klein würfeln, salzen, pfeffern, mit dem Noilly Prat marinieren und ins Gefrierfach stellen.

3 Für die Ravioli das Mehl mit den Eigelben, dem ganzen Ei, 2 Eßlöffeln Olivenöl, 4 Eßlöffeln Wasser und 1 Prise Salz zu einem geschmeidigen Nudelteig verkneten. Den Teig in Frischhaltefolie etwa 1 Stunde kühlen.

4 Für die Füllung das leicht angefrorene Lachsfleisch und das Obers im Mixer zu einer kompakten, aber leichten Farce mixen. Die Farce mit Salz und Pfeffer würzig abschmecken.

5 Den Ravioliteig dünn ausrollen, mit Wasser bestreichen und auf eine Teighälfte die Farce mit dem Spritzsack in kleinen Häufchen setzen. Die Farcehäufchen je mit einem kleinen Stück Räucherlachs belegen. Die zweite Teighälfte darauf klappen und die Luft herausdrücken. Den Teig um die Füllung fest andrücken und Ravioli ausstechen.

6 Inzwischen den Sauerrahm mit etwas Salz, Pfeffer, Knoblauchessig und Zitronensaft glatt rühren. Auf 4 Tellern mit dem Sauerrahm und der Tomatensauce einen Saucenspiegel gießen. Die Salatblätter auf dem Sauerrahmspiegel anrichten, die Tatarlaibchen darauf setzen und mit Kaviar und einer Dillfahne garnieren. Die Ravioli auf der Tomatensauce anrichten.

(Foto Seiten 18–19)

Schafskäse mit Tomaten

Für 4 Portionen

- 3 Tomaten
- 4 EL Olivenöl
- etwas Salz und weißer Pfeffer
- 4 Stück eingelegter Schafskäse
- 1 Bund Basilikum
- etwas Kresse

1 Die Tomaten in Scheiben schneiden, mit Olivenöl bepinseln, salzen, pfeffern und auf Tellern anrichten.

2 Den Schafskäse in nicht zu dünne Scheiben schneiden und auf die Tomaten legen. Das Basilikum waschen, trockenschütteln und fein hacken.

3 Basilikum mit dem restlichen Olivenöl verrühren. Den Schafskäse mit dem Basilikumpesto bestreichen und etwas salzen. Die Tomaten mit Kresse garnieren.

Terrine vom Bachsaibling

Für 10 Portionen

- 600 g Saiblingsfilet
- 600 g enthäutete Saiblingsfilet
- 1/4 l Obers
- etwas Salz und weißer Pfeffer
- 6 cl Weißwein
- Saft von 1 Zitrone,
- 100 g kleine Karotten
- 150 g ausgelöste Riesengarnelen,

1 Die Saiblingsfilets zwischen Klarsichtsfolie legen, vorsichtig platt klopfen und kalt stellen. Die enthäuteten Saiblingsfilets zweimal durch die feinste Scheibe der Faschiermaschine drehen, mit 1 Eßlöffel Obers, Salz und Pfeffer in den Moulinette sehr fein pürieren und und durch ein Haarsieb streichen. Die Farce mit Wein und etwas Zitronensaft abschmecken.

2 Das restliche Obers halbsteif schlagen, unter die Farce ziehen und das Ganze wiederum kalt stellen. Die Karotten blanchieren und längs in feine Scheiben schneiden. Den Backofen auf 100 °C vorheizen.

3 Eine Dachrinnenform erst mit Bratfolie, dann mit den Saiblingsfilets auslegen, salzen, pfeffern und mit dem restlichen Zitronensaft beträufeln. Fischreste in Stücke schneiden. Die Hälfte der Farce in die Form füllen, die Riesengarnelen in die Karottenscheiben wickeln und mit den Saiblingsstücken einlegen. Die restliche Farce darauf verstreichen.

4 Die Terrine mit Folie abdecken. Die Fettpfanne mit heißem Wasser füllen, die Terrine hineinstellen und im Rohr bei 70 °C Wassertemperatur etwa 35 Minuten pochieren. Die Terrine erkalten lassen, aus der Folie nehmen und in Scheiben schneiden.

(Foto nächste Seite Mitte)

Tips

Sie können die Riesengarnelen auch in blanchierte Spinatblätter wickeln und die fertige Terrine mit Aspik überziehen.

Wenn Sie keine Moulinette haben – ein Pürierstab mit Schneidemesser leistet die gleichen Dienste.

Eierschwammerlterrine

- 150 g Geflügelfleisch
- 2 Eiweiß, 2 TL Pastetengewürz
- etwas Salz und weißer Pfeffer
- 2 cl Cognac, 25 cl Obers
- 1/2 kg Eierschwammerln
- 200 g gehackte Schalotten
- 50 g Butter, 1 Knoblauchzehe
- 2 EL gehackte Petersilie, Basilikum, Zitronenthymian
- 200 g Pökelzunge
- 200 g grüner Speck, in dünnen Scheiben

1 Das Geflügelfleisch würfelig schneiden, in der Moulinette fein pürieren und mit dem Eiweiß vermischen. Die Farce mit Pastetengewürz, Salz, Pfeffer und Cognac abschmecken. Das Obers halbsteif schlagen und unter die Farce mischen.

2 Die Eierschwammerln waschen und putzen. Die Schalotten fein hacken und in der heißen Butter kurz anschwitzen. Die Schwammerln zu den Schalotten geben und etwa 8 Minuten braten. Das Ganze mit der zerdrückten Knoblauchzehe, den Kräutern, Salz und Pfeffer feinwürzig abschmecken und beiseite stellen. Den Backofen auf 120 °C vorheizen.

3 Die Pökelzunge würfelig schneiden und mit den Eierschwammerln unter die Farce mischen. Eine Terrinenform mit Speckscheiben auslegen und die Farce einfüllen. Die Speckenden einschlagen und alles mit einer Speckscheibe abdecken. Die Terrine in einen Bräter stellen und diesen bis etwa 2 cm unter den Rand mit heißem Wasser füllen. Die Terrine im Ofen etwa 45 Minuten pochieren.

4 Die Terrine mit einem passenden Brettchen und einem Gewicht beschweren und erkalten lassen, zum Servieren aus der Form stürzen und in Scheiben schneiden.

(Foto linke Seite rechts)

Für 10 Personen

Tips

Zum Beschweren der Terrine eignet sich ein mit Wasser gefüllter Topf.

Servieren Sie die Terrine mit einer Kräutermayonnaise oder Schnittlauchsauce als Vorspeise.

Geflügelleberparfait

- 500 g Nußbutter, 1 Schalotte
- 1 Zweig Thymian, 1 TL Majoran
- 1/4 l Portwein, 1/2 Knoblauchzehe
- 500 g Geflügelleber, 4 Eier

1 Die Nußbutter auf 60 °C erwärmen. Die Schalotte würfeln, mit Portwein, Kräutern und Knoblauch auf die Hälfte einkochen. Die Leber pürieren. Die Eier nach und nach in die Leber einrühren. Den Portwein und die Schalotte ebenfalls dazumixen. Zuletzt die flüssige Nußbutter einlaufen lassen und untermischen.

2 Das Parfait wie oben beschrieben etwa 1 Stunde im Wasserbad garen.

(Foto linke Seite links)

Für 10 Personen

Tip

Nußbutter erhalten Sie als Fertigprodukt in Feinkostgeschäften.

Suppen

empfohlen von Josef Schimek

Josef Schimek würde sich selbst als eingeschworenen »Suppisten« bezeichnen. Suppenliebhaber zu sein, ist für ihn mehr als eine Geschmackssache. Es ist – wie das meiste bei Schimek – eine Lebensphilosophie. »Wenn einer gerne Suppe ißt, kann er kein schlechter Mensch sein. Denn bei einer heißen Suppe, wird einem nicht nur warm im Magen, sondern auch warm ums Herz.«

Das Glück dieser Erde

Das Glück dieser Erde liegt für viele nicht am Rücken der Pferde, sondern am Grunde des Suppentopfes. Warm und weich schmiegt sich die Suppe in den Magen, sie tröstet, beruhigt, öffnet den Magen. Sie kann den ersten Heißhunger stillen oder natürlich auch gänzlich sättigen. Von kaum einem Gericht lassen sich so vielfältige Zubereitungsarten finden wie von der Suppe. Von der leichten Consommé, über die sämige Cremesuppe, bis zur reichhaltigen Suppe mit Fisch- oder Fleischeinlage, nicht zu vergessen die neuerdings so beliebten erfrischenden kalten Suppen.

Kürbiscremesuppe

Für 4 Portionen

Tip

Kürbiskernöl genießt in der Naturmedizin einen hervorragenden Ruf. Unter anderem soll es vorbeugend gegen verschiedene Krebsleiden wirken.

- $^{1}/_{2}$ Zwiebel
- 200 g gelbes Kürbisfruchtfleisch
- 40 g Butter
- $^{1}/_{8}$ l Milch
- 3 Becher Obers
- 0,4 l Bouillon
- etwas Salz und Zucker
- 1 EL Weinessig
- 2 TL Suppeninstant
- 1 Scheibe Toastbrot, gewürfelt
- 20 g Speck, in feine Streifen geschnitten
- 50 g Kürbiskerne
- 1 EL Kürbiskernöl

1 Die Zwiebel und das Kürbisfruchtfleisch würfelig schneiden. 30 g Butter erhitzen und das Gemüse darin anrösten. Mit der Milch, der Hälfte des Obers und der Bouillon aufgießen und kochen lassen, bis der Kürbis weich ist. Die Suppe mit Salz, Zucker, Essig und Instant abschmecken und mit dem Stabmixer aufmixen.

2 Die restliche Butter in einer Pfanne erhitzen. Toastbrotwürfel, Speck und Kürbiskerne darin anbraten. Das restliche Obers halbsteif schlagen. Die Suppe in Tellern anrichten, das Obers darüber verteilen, mit der Einlage bestreuen und mit dem Kernöl beträufeln.

(Foto Seiten 30–31)

Sauerkrautschaumsuppe

Für 4 Portionen

- 200 g frisches Sauerkraut
- 1 Zwiebel, feinwürfelig geschnitten
- 2 Scheiben Bauchspeck
- 2 EL Butter
- 2 EL Mehl
- $^{1}/_{4}$ l Weißwein
- $^{1}/_{2}$ l Rindsuppe
- etwas Salz, 10 Pfefferkörner
- 1 Lorbeerblatt
- $^{1}/_{4}$ l Obers
- 150 g Rindsleber
- 1 Ei
- Mehl
- 1 TL getrockneter Majoran
- etwas geriebene Muskatnuß
- 1 EL gehackte Petersilie zum Garnieren

1 Für die Sauerkrautschaumsuppe das Sauerkraut gut waschen und zwei- bis dreimal mit dem Messer durchschneiden. Zwiebel und Speck in Butter anschwitzen, das Sauerkraut dazugeben, mit dem Mehl stauben, dann mit dem Weißwein und der Rindsuppe aufgießen. Die Suppe mit Salz, Pfefferkörnern und Lorbeerblatt würzen und etwa 15 Minuten köcheln lassen.

2 Die Hälfte des Obers zur Suppe geben, nochmals aufkochen lassen und abseihen. $^{3}/_{4}$ des Sauerkrauts zur Suppe geben und alles mit dem Stabmixer mixen.

3 Für die Lebernockerl die Leber in der Moulinette fein faschieren und mit Ei und Mehl zu einer glatten Masse verarbeiten. Salz, Pfeffer, Majoran und Muskat untermischen. Mit dem Teelöffel kleine Nockerl formen und in siedendem Salzwasser einige Minuten ziehen lassen.

4 Das restliche Obers aufschlagen und unter die Suppe heben, nochmals aufkochen lassen und eventuell nachschmecken. Das nicht mitgemixte Sauerkraut in der Mitte der Suppenteller anrichten, die Lebernockerl darauf geben, mit der Suppe übergießen und mit der gehackten Petersilie überstreuen.

Rindsconsommé

Für 1 Liter

- 1 kg Rindsknochen
- 500 g Karotten
- 500 g Sellerie
- 500 g Lauch
- 500 g Zwiebel
- 2 EL Fett
- 500 g Suppenfleisch
- 2 Eiweiß

1 Die Rindsknochen in kochendem Wasser kurz blanchieren, kalt abspülen und mit 2 l kaltem Wasser auf kleiner Hitze zustellen. Langsam aufkochen lassen und immer wieder abschäumen.

2 Die Hälfte der Karotten, des Sellerie und des Lauchs in grobe Stücke schneiden und zur Suppe geben. Die Zwiebel schälen und grob hacken, im heißen Fett kräftig anbräunen und ebenfalls zur Suppe geben. Das Ganze etwa 1 Stunde leicht köcheln lassen. Die Suppe danach durch ein Mulltuch abpassieren und kalt stellen.

3 Das Suppenfleisch mit dem restlichen Gemüse faschieren. Das Eiweiß halbsteif schlagen und unter die Fleisch-Gemüse-Masse mischen. Das Ganze in die kalte Suppe geben und bei kleiner Hitze langsam aufkochen lassen. Die Consommé etwa 1 Stunde leicht köcheln lassen und nochmals durch ein Mulltuch abpassieren, dann entfetten und abschmecken.

Tips

Consommé, auch Kraftbrühe genannt, eignet sich sehr gut als Schonkost für Magenleiden, wenn sie statt mit Rinds- mit Kalbsknochen zubereitet wird.

Zum Passieren einer Brühe verwendet man am besten eine Stoffwindel.

Eine Suppe läßt sich am besten in kaltem Zustand entfetten. Dann liegt das Fett als Platte an der Oberfläche und kann am Stück abgehoben werden.

Suppeneinlagen

Für 6 Portionen

Tips

Zum Servieren geben Sie die Suppeneinlagen in tiefe Teller und schöpfen Consommé oder klare Rindsuppe darüber.

Klare Suppen mit Einlage schmecken noch besser, wenn man sie unmittelbar vor dem Servieren mit Schnittlauchröllchen bestreut.

Sie können den Fleischstrudel auch mit Ei bestreichen und im Ofen backen. Wenn Sie dieses Rezept mit einer selbstgemachten Rindsuppe kombinieren, können Sie Suppenfleisch und -gemüse gleich für die Füllung weiterverwenden.

Leberknödel

- 3 altbackene Semmeln
- 250 g Kalbs- oder Rindsleber
- 100 g Nierenfett
- 1 Zwiebel
- 10 g Butter
- 1 EL gehackte Petersilie
- etwas Salz und schwarzer Pfeffer
- 1 TL getrockneter Majoran
- 1 Knoblauchzehe
- 100 g Semmelbrösel
- 2 Eier

1 Die Semmeln einweichen, ausdrücken und zusammen mit der Leber und dem Nierenfett fein faschieren. Die Zwiebel schälen, fein würfeln und in der heißen Butter anbräunen.

2 Die faschierte Lebermasse mit den Zwiebelwürfeln, der Petersilie und der zerdrückten Knoblauchzehe mischen. Das Ganze mit Salz und Pfeffer abschmecken und mit den Semmelbröseln binden. Aus der Masse mit den Händen nicht zu große Knödel formen.

Grießnockerl

- 60 g Butter, 1 ganzes Ei
- Salz und Pfeffer aus der Mühle
- Muskat
- 120 g Weizengrieß

1 Die Butter sehr schaumig rühren und das Ei und die Gewürze dazu rühren. Den Weizengrieß unterheben. Die Grießnockerlmasse etwa eine Viertelstunde im Kühlschrank überkühlen lassen.

2 Aus der Grießmasse mit zwei Kaffeelöffeln Nockerl formen. Diese vorsichtig in kochendes Salzwasser einlegen und zugedeckt etwa 10 Minuten kochen, danach vom Herd nehmen, etwas kaltes Wasser beigeben und etwa 20 Minuten ziehen lassen.

Fleischstrudel

- 300 g Beinfleisch oder Zwischenrippenfleisch, gekocht
- 1 Suppengrün, gekocht
- 1 Zwiebel, 50 g Butter
- $^{1}/_{2}$ Bund Petersilie
- Salz und Pfeffer aus der Mühle
- 1 Blatt Strudelteig (Fertigware)

1 Das Fleisch auslösen und mit dem Gemüse faschieren. Die Zwiebel schälen und fein würfeln. Die Butter erhitzen, die Zwiebel darin bräunen, das Faschierte dazugeben, anschwitzen und alles auskühlen lassen. Die Masse mit Salz und Pfeffer abschmecken.

2 Den Strudelteig auf einem bemehlten Küchentuch ausziehen, mit Fülle bestreichen und einrollen. Die Strudelenden verschließen und andrücken. Den Strudel in der heißen Rindsuppe 10 Minuten ziehen lassen.

(alle Suppeneinlagen Foto rechts)

Ingwerschaumsuppe

Für 6 Portionen

Tip

Diese Suppe kann auch als feine Sauce gereicht werden, z. B. zu Wildgerichten. In diesem Fall kocht man sie stärker ein und schmeckt kräftiger ab.

- 100 g Ingwer
- 100 g Schalotten
- 100 g Champignons
- 1 EL Butter
- 1/4 l Weißwein
- 1/2 l Hühnerfond
- 1/2 l Obers

etwas Salz und weißer Pfeffer aus der Mühle
1 EL Crème fraîche

1 Die Ingwerwurzel schälen und in sehr feine Würfel schneiden. Die Schalotten ebenfalls schälen und fein würfeln, die Champignons putzen und feinblättrig schneiden.

2 Die Butter in einem schweren Topf erhitzen. Den Ingwer, die Schalotten und die Champignons darin anschwitzen. Das Ganze mit dem Weißwein ablöschen, etwas einkochen lassen und mit dem Hühnerfond aufgießen.

3 Die Suppe etwa 10 Minuten auf großem Feuer einkochen, dann mit dem Obers auffüllen, nochmals kurz einkochen und durch ein Spitzsieb abgießen. Abseits vom Feuer mit etwas Salz und Pfeffer feinwürzig abschmecken. Zuletzt die Crème fraîche zur Suppe geben, und das Ganze mit dem Mixstab aufschlagen.

Rote-Rüben-Suppe

Für 4 Portionen

Tip

Verwenden Sie frischen Kren.

- 1/2 Zwiebel
- 3 mittelgroße rote Rüben
- 20 g Butter
- 2 EL Mehl
- 3/4 l Rindsuppe
- 1 TL Kümmel
- 2 TL geriebenen Kren
- Zucker
- Salz
- 1/4 l Obers

1 Die Zwiebel und die roten Rüben feinwürfelig schneiden. Die Butter in einem Suppentopf erhitzen und die Zwiebel darin anrösten. Die roten Rüben dazugeben und kurz mitrösten. Das Ganze mit dem Mehl stauben, mit der Rindsuppe aufgießen, den Kümmel dazugeben und kochen lassen, bis die roten Rüben weich sind.

2 Den geriebenen Kren in die Suppe rühren, das Ganze mit Zucker und Salz würzig abschmecken, mit dem Mixstab aufmixen und durch ein Spitzsieb passieren. Zwei Drittel des Obers zur Suppe geben, den Rest steif schlagen. Die Suppe noch einmal aufkochen lassen, dann in Suppentassen anrichten und mit einem Löffel geschlagenen Obers verzieren.

Weinsuppe mit Zimtcroûtons

- 1/2 l Rindsuppe
- 1/8 l Obers
- 3 Eigelb
- 1/8 l kräftiger, trockener Weißwein
- etwas Salz und weißer Pfeffer aus der Mühle
- 4 Scheiben Weißbrot
- 1 EL Butter
- 1/2 TL Zimt

1 Die Rindsuppe mit dem Obers, den Eigelben und dem Weißwein verrühren. Die Suppe aufs Feuer setzen und unter ständigem Rühren bei mäßiger Hitze zum Kochen bringen, vom Feuer nehmen und mit Salz und Pfeffer abschmecken.

2 Die Weißbrotscheiben in Würfel schneiden. Die Butter in einer Pfanne erhitzen, die Brotwürfel darin von allen Seiten knusprig braten und mit dem Zimt bestäuben. Die Suppe in tiefen Tellern anrichten und mit den Croûtons bestreuen.

Für 4 Portionen

Tip

Verwenden Sie für diese Suppe nur eine gute, selbstgemachte Rindsuppe und keine Instantbrühe.

Klare Paprikasuppe

- 10 Paprikaschoten, grün, gelb und rot
- 10 g Butter
- 6 EL Weißwein
- 1 l Hühnerfond
- 2 Stück Putenschnitzel
- 3 Eiweiß
- Salz und weißer Pfeffer aus der Mühle

1 Die Paprikaschoten waschen und entkernen. 7 Paprika feinwürfelig, den Rest in grobe Stücke schneiden. Die Butter erhitzen und die Paprikawürfel darin anschwitzen. Weißwein und Hühnerfond angießen und das Ganze leicht kochen lassen, bis die Paprikawürfel weich sind. Die Suppe erkalten lassen, mit einem Mixstab aufschlagen und durch einen Seiher abpassieren.

2 Die Putenschnitzel und die restlichen Paprika durch die feine Scheibe des Fleischwolfs drehen und mit den Eiweiß vermischen. Die Masse in die Suppe rühren. Alles auf kleiner Hitze aufkochen und etwa 1 Stunde leise köcheln lassen, dann durch ein Mulltuch abpassieren.

3 Inzwischen nach dem Rezept auf Seite 36 Topfennockerl zubereiten. Die Paprikasuppe mit Salz und Pfeffer abschmecken. Die Topfennockerl in tiefen Tellern anrichten und die Paprikasuppe darüber schöpfen.

Für 4 Portionen

Tip

Hühnerfond gibt es in guter Qualität aus dem Glas zu kaufen. Verwenden Sie aber keine Instantbrühe.

Salate un fleisc Gerichte

empfohlen von Sissy Brandner

Als Georg, damals frisch verliebt, beim ersten Rendezvous ein Zicklein in Rosmarinsauce servieren wollte, wäre es für Sissy beinahe ein Scheidungsgrund gewesen, noch bevor die beiden überhaupt verheiratet waren. Denn Sissy sieht Tiere viel lieber springlebendig im Freien herumlaufen als auf dem Servierteller liegen. Daß die beiden trotzdem vor dem Traualtar gelandet sind, muß an ihrer großen Liebe liegen – und daran, daß Sissy Georg davon überzeugen konnte, daß zum Beispiel Nudeln mit Steinpilzen auch etwas sehr Köstliches sind.

Von der Not zur Tugend

Wenn bei unseren Vorfahren hauptsächlich Getreide, Erdäpfel und Gemüse auf dem Speiseplan standen, so geschah dies sicherlich nicht aus gesundheitlichen Gründen, denn »Cholesterin« war damals noch ein Fremdwort. Der Sonntagsbraten war wirklich noch der kulinarische Höhepunkt der Woche, und das größte Stück Fleisch bekam mit Sicherheit der Familienvater als Zeichen der Ehrerbietung. Später, als Tiefkühltruhen und Kühlregale unser Leben bereicherten und Fleisch für jedermann erschwinglich wurde, war lange Zeit eine Mahlzeit ohne Fleisch undenkbar. Nur einige wenige fingen an, von anderen belächelt, von Zeit zu Zeit zu einer Gemüseplatte zu greifen. Bis vor kurzem war diese Kombination aus wäßrigem Tiefkühlgemüse und einem Spiegelei wohl die einzige Möglichkeit für jene, die sich fleischlos ernähren wollten. In kaum einem Bereich wurde in den letzten Jahren so viel bewegt, wie in dem der fleischlosen Küche. Mittlerweile finden sich unzählige kreative Gerichte auf den Speisekarten, und wahrscheinlich jedermann ist klar geworden, daß sich aus Gemüse viel mehr als eine Beilage oder eine freudlose Gemüseplatte machen läßt.

Ratatouillespieße mit Risotto

Für 4 Portionen

Tip

Risottoreis erhalten Sie in italienischen Lebensmittelgeschäften. Sie können aber auch normalen Rundkornreis verwenden.

- 1 Melanzani, 1 Zucchini
- je 1 rote und gelbe Paprikaschote
- 1 große Zwiebel
- etwas Salz und Pfeffer aus der Mühle
- 2 EL Olivenöl
- 100 g Schalotten
- 30 g Butter, 100 g Risottoreis
- 1/8 l Weißwein
- 1/4 l Obers
- 1/3 l Hühnerfond
- 1 EL frische gehackte Kräuter nach Saison

1 Für die Ratatouillespieße Melanzani, Zucchini, Paprikaschoten und Zwiebel in große Würfel schneiden. Das Gemüse auf 4 Schaschlikspieße stecken, salzen und pfeffern. Das Olivenöl in einer Pfanne erhitzen und die Gemüsespieße langsam darin braten.

2 Für das Risotto die Schalotten schälen und fein würfeln. Die Schalottenwürfel in der heißen Butter leicht anlaufen lassen. Den Risottoreis zu den Schalotten geben und unter ständigem Wenden mitbraten, bis die Reiskörner mit einem Fettfilm überzogen sind. Das Ganze mit dem Wein ablöschen, Obers und Hühnerfond beigeben und kochen, bis der Reis weich, aber noch bißfest ist.

3 Die Kräuter zum Risotto geben und alles mit Salz und Pfeffer abschmecken. Das Risotto anrichten und den Spieß darauflegen.

(Foto Seiten 40–41)

Salat mit Spargel und Morcheln

Für 8 Portionen

Tip

Blattsalate sollten nach dem Waschen gertrocknet werden. Dazu eignet sich eine Salatschleuder am besten.

- 700 g gemischte Blattsalate (Vogerlsalat, Lollo rosso, Eichblatt, Häuptel, Radiccio)
- 400 g weißer Spargel, etwas Salz
- 6 EL Kirschessig, 8 EL Olivenöl,
- 100 g frische Morcheln
- 2 Fleischtomaten

1 Die Blattsalate putzen, waschen und in mundgerechte Stücke reißen. Den Spargel schälen, in Salzwasser weich kochen und in Eiswasser abkühlen. Die Spargelstangen in etwa 3 bis 4 cm große Stücke schneiden und mit je 2 Eßlöffeln Kirschessig und Olivenöl sowie etwas Salz marinieren.

2 Die Morcheln halbieren und waschen. 1 Eßlöffel Olivenöl erhitzen, die Morcheln darin kurz anrösten und zur Seite stellen. Aus dem restlichen Essig und Olivenöl sowie etwas Salz eine Vinaigrette rühren. Die Salate in einer Schüssel mit der Vinaigrette marinieren und auf 4 Teller verteilen.

3 Die Tomaten brühen, abschrecken, häuten und entkernen. Das Fruchtfleisch würfeln. Den marinierten Spargel sowie die Morcheln auf den Blattsalaten anrichten und mit den Tomatenwürfeln garnieren.

Vogerlsalat mit Orangen

- 200 g Vogerlsalat
- je 2 rote und gelbe Grapefruit
- 2 Orangen
- 80 g Walnüsse
- 1 TL Butter
- 4 EL Himbeeressig
- 1 TL Honig
- 2 EL Orangensaft
- etwas Salz und Pfeffer aus der Mühle
- 8 EL Walnußöl
- 1 EL frische gehackte Kräuter

1 Den Vogerlsalat putzen, dabei die Wurzeln entfernen, gut waschen und abtropfen lassen. Grapefruit und Orangen schälen und filetieren. Die Walnüsse grob hacken und in der Butter leicht anrösten.

2 Den Himbeeressig mit dem Honig, dem Orangensaft, Salz und Pfeffer mit dem Stabmixer aufmixen, langsam das Nußöl eintropfen lassen. Zum Schluß die gehackten Kräuter in die Sauce rühren.

3 Den Salat auf Teller verteilen. Die Fruchtfilets rundherum anrichten. Den Salat mit der Vinaigrette marinieren und mit den gerösteten Nüssen bestreuen.

Für 4 Portionen

Tip

Servieren Sie diesen Salat als leichte herbstliche Vorspeise zum Auftakt eines Menues mit gehaltvollen Hauptgerichten.

Rotkrautsalat mit Entenbrust

- 4 Entenbrüste
- 2 EL Waldhonig
- etwas Pfeffer aus der Mühle
- 150 g Rotkraut
- 1/8 l lieblicher Rotwein
- 1 EL Butterschmalz
- etwas Salz
- 2 EL Balsamicoessig
- 2 cl Traubenkernöl
- 1 Prise Zucker
- 1 Apfel (Delicious)
- 4 EL kleingewürfelte Schalotten
- 1 EL Butter
- 1 Spritzer Sherryessig
- 1/8 l trockener Weißwein

1 Die Haut der Entenbrüste einen Tag vor dem Zubereiten karoförmig einschneiden, mit 1 Eßlöffel Honig bepinseln und mit etwas Pfeffer bestäuben. Das Rotkraut fein hobeln. Den Rotwein erhitzen, das Rotkraut damit übergießen und das Kraut in einem verschließbaren Glas einen Tag marinieren.

2 Das Rotkraut abgießen, den Wein auffangen, erhitzen und über die Entenbrüste gießen. In einer schweren Pfanne das Butterschmalz erhitzen. Die Entenbrüste salzen und im heißen Schmalz kurz auf der Innenseite, dann auf der Fettseite mit starker Hitze rosa braten, vom Feuer nehmen und 3 Minuten ruhen lassen. Das Rotkraut mit 1 Eßlöffel Balsamico, Traubenkernöl, Salz, Pfeffer und Zucker anmachen.

Für 4 Portionen

Tip

Garnieren Sie dieses Gericht mit etwas Vogerlsalat, den Sie mit Walnußöl und Zitronensaft beträufeln.

3 Für die Honigzwiebeln den Apfel schälen und würfeln. Die Schalottenwürfel in heißer Butter glasieren, die Apfelwürfel dazugeben, das Ganze mit Sherryessig, dem restlichen Balsamico und dem Weißwein fast dickflüssig einkochen und mit Salz und Pfeffer abschmecken.

4 In die heiße Masse den restlichen Honig unterrühren. Die Entenbrüste und den Krautsalat auf 4 Tellern anrichten. Einen Klecks Honigzwiebeln auf jede Entenbrust geben, den Rest der Sauce um die Entenbrüste verteilen.

Salat vom Kaninchen

Für 4 Portionen

- 300 g beliebige Blattsalate (Vogerl, Lollo rosso, Eichblatt, Häuptel, Radiccio)
- 4 große Champignons
- 2 EL Balsamicoessig
- etwas Salz
- 1 Prise Zucker
- 4 EL Olivenöl
- 20 g Butterschmalz
- 4 Kaninchenrückenfilets (oder 2 ganze Rücken)
- 4 frische Kaninchenlebern
- etwas Pfeffer aus der Mühle
- 20 g Butter
- 1 EL Weinbrand
- 3 EL Kaninchen- oder anderen Jus
- 2 EL Portwein
- 8 Zweige Kerbel

1 Die Blattsalate waschen, trockenschleudern und auf 4 Tellern anrichten. Die Champignons putzen und feinblätterig schneiden. Den Balsamicoessig mit etwas Salz und dem Zucker verrühren und das Öl löffelweise darunterschlagen.

2 Das Butterschmalz in einer schweren Pfanne erhitzen. Die Kaninchenfilets und die Lebern darin von beiden Seiten anbraten. Die Pfanne vom Feuer nehmen, das Fleisch salzen und pfeffern und ziehen lassen.

3 Das Butterschmalz abgießen und die Butter zergehen lassen. Die Butter mit dem Weinbrand ablöschen, dabei rühren, um den Bratfond abzulösen. Den Jus und den Portwein dazugeben, die Sauce aufkochen lassen und mit Salz und Pfeffer abschmecken.

4 Den Salat mit der Vinaigrette beträufeln, mit den Champignonscheiben bestreuen und mit den Kerbelzweigen garnieren. Die Kaninchenfilets aufschneiden und fächerartig um den Salat auflegen. Die Lebern in der Mitte durchschneiden und ebenfalls auflegen. Das Fleisch mit dem heißen Jus leicht überziehen.

(Foto rechts)

Tip

Um Kaninchenjus zuzubereiten, rösten Sie etwa 1 kg Kaninchenknochen und -fleischabfälle mit 200 g Speckschwarten, reichlich Zwiebeln und Möhren und wenig Salz in etwas Fett im Ofen kräftig an. Gießen Sie mit 1 l Kaninchenfond (aus dem Glas) auf und lassen Sie das Ganze einkochen, bis die Sauce wie flüssiges Gelee vom Löffel tropft. Durch ein Tuch passieren und entfetten.

Nudeln mit Steinpilzen

Für 4 Portionen

Tip

Bereiten Sie gleich eine größere Menge Nudeln zu – mindestens das Doppelte der angegebenen Zutaten. Lassen Sie die Nudeln auf einem Backbrett trocknen und bewahren Sie sie – nicht zu lange – auf. Sie lassen sich wie gekaufte Teigwaren verarbeiten, schmecken aber besser.

- 250 g Mehl
- 2 ganze Eier
- 2 Eigelb
- etwas geriebene Muskatnuß
- 1 EL Olivenöl
- etwas Salz
- 400 g Steinpilze
- 1 große Zwiebel
- 1 Bund Basilikum
- 1 EL Butter
- 1/8 l Obers
- 4 EL Crème fraîche mit Kräutern
- etwas weißer Pfeffer aus der Mühle

1 Das Mehl mit den Eiern, den Eigelben, dem Muskat, dem Olivenöl und 1 Prise Salz zu einem geschmeidigen Teig verkneten und diesen 2 Stunden rasten lassen. Den Teig sehr dünn ausrollen und zu gleichmäßig breiten Bandnudeln schneiden oder durch die Nudelmaschine drehen. Die Nudeln in reichlich kochendem Salzwasser kurz aufkochen lassen, abgießen und mit kaltem Wasser abspülen.

2 Die Steinpilze putzen und feinblättrig schneiden. Zwiebel schälen und fein würfeln. Das Basilikum waschen, trockenschütteln und fein hacken.

3 Die Butter in einer Pfanne erhitzen und die Zwiebel darin anbraten. Die Steinpilze kurz mitbraten, dann wieder aus der Pfanne nehmen und beiseite stellen.

4 Den Pfanneninhalt mit dem Obers ablöschen, die Crème fraîche und die Hälfte des feingehackten Basilikums dazugeben. Die Sauce gut durchkochen lassen und mit Salz und Pfeffer feinwürzig abschmecken.

5 Die Steinpilze und die Nudeln in die Pfanne geben und gut mit der Sauce mischen. Das Gericht auf vorgewärmten Tellern anrichten und mit dem restlichen Basilikum bestreuen.

Erdäpfelstrudel auf Bärlauchsauce

- 500 g Mehl
- 1 Ei, 2 EL Keimöl
- etwas Salz
- 2 kg Erdäpfel
- 500 g gemischtes Gemüse
- 2 EL Schweineschmalz
- 1 Becher Sauerrahm
- 3/8 l Obers, 1 TL getrockneter Majoran
- etwas Pfeffer
- 2 Tomaten
- 1/8 l Crème fraîche
- 1 dl Weißwein
- 1 Bund Bärlauch

1 Das Mehl auf ein Backbrett häufeln. Oben eine kleine Mulde eindrücken und das Ei, 1 Eßlöffel Öl und 1 Prise Salz hineingeben. Alles miteinander verkneten und dabei löffelweise lauwarmes Wasser zugeben, bis ein geschmeidiger Teig entstanden ist. Der Teig ist richtig, wenn er nicht mehr klebt und auf Druck elastisch reagiert. Den Teig zu einer Kugel formen, mit wenig Öl bestreichen und etwa 15 Minuten ruhen lassen.

2 Inzwischen die Kartoffeln schälen, raspeln und gut ausdrücken. Das Gemüse putzen, waschen und je nach Sorte ebenfalls raspeln oder sehr klein schneiden. Die Kartoffelraspeln mit dem Schmalz, dem Gemüse, der Hälfte des Sauerrahms und 1/8 l Obers zu einer festen Fülle verarbeiten. Die Fülle mit Majoran, Salz und Pfeffer kräftig abschmecken.

3 Den Backofen auf 180 °C vorheizen. Den Strudelteig ziemlich dünn ausrollen, auf ein Küchentuch legen und hauchdünn ausziehen. Die Fülle gleichmäßig auf den Teig aufstreichen und den Strudel mit Hilfe des Küchentuchs einrollen. Den Strudel auf ein gefettetes Backblech legen, mit dem restlichen Öl bestreichen und im Ofen etwa 1 Stunde backen.

4 Für die Bärlauchsauce die Tomaten in kochendem Wasser brühen, kalt abschrecken, häuten und entkernen. Das Fruchtfleisch in feine Würfel schneiden.

5 Das Obers, die Crème fraîche und den Wein in einem hohen Topf unter Rühren einkochen lassen, bis die Sauce die gewünschte sahnige Konsistenz hat. Inzwischen den Bärlauch waschen, trockenschütteln und fein hacken. Die Sauce mit Salz und Pfeffer abschmecken, die Tomatenwürfel und den Bärlauch dazugeben und das Ganze kurz aufkochen lassen.

6 Die Sauce als Spiegel auf Teller gießen und jeweils 2 Scheiben Strudel darauf anrichten.

Für 4 Portionen

Tips

Als Vorspeise reicht die angegebene Menge auch für 8 Personen.

Bärlauch ist eine aromatische Wildform des Knoblauchs.

Salat mit Traunseefischen

Für 8 Portionen

Tip

Bei diesem Salat kommt es weniger auf die Vielfalt der Fischsorten an als auf die absolute Frische.

- 700 g gemischte Blattsalate (Vogerl, Lollo rosso, Eichblatt, Häuptel, Radiccio)
- 50 g Mandeln
- 2 EL Butter
- etwas Salz und Pfeffer
- 2 EL Rotweinessig
- 5 EL Olivenöl
- 600 g gemischte Fischfilets (Forelle, Saibling, Reinanke)
- 1 EL feingehackte Kräuter

1 Die Blattsalate waschen, trockenschütteln und in mundgerechte Stücke reißen. Die Mandeln brühen, häuten und grob hacken. 1 Eßlöffel Butter erhitzen, die gehackten Mandeln darin anrösten und beiseite stellen.

2 Für die Marinade in einer Schüssel das Salz und etwas Pfeffer mit dem Essig verrühren. Nach und nach 4 Eßlöffel Olivenöl dazuschlagen. Die Blattsalate mit der Marinade mischen.

3 Die Fischfilets salzen und pfeffern. Die Butter mit dem restlichen Olivenöl in einer Pfanne erhitzen und die Fischfilets darin braten. Den Salat auf Teller verteilen, den Fisch darauf anrichten und das Ganze mit den gerösteten Mandeln sowie den frisch gehackten Kräutern bestreuen.

(auf dem Foto rechts)

Erdäpfelnudel-Pilz-Gratin

Für 8 Portionen

Tip

Shiitake-Pilze gibt es getrocknet in vielen gutsortierten Supermärkten. Sie werden inzwischen aber auch in Europa gezüchtet. Frischware ist in jedem Fall vorzuziehen.

- 1 Packung Shiitake-Pilze (getrocknet)
- 1 kg mehlige Erdäpfel
- 8 Eigelb, evtl. etwas Milch
- etwas Salz und Pfeffer aus der Mühle
- etwas Muskat
- etwas Mehl
- 40 g Butter
- 2 Becher Obers (à 200 g)
- 1/4 l Hühnerfond

1 Die Shiitake-Pilze in lauwarmem Wasser mindestens 1 Stunde einweichen. Die Erdäpfel in der Schale kochen, schälen, passieren und mit 4 Eigelben, Salz, Pfeffer und Muskat zu einem festen Teig verkneten. Wenn der Teig zu fest wird, etwas Milch zugeben. Den Teig mit Mehl zu Nudeln formen. Den Backofen auf 200 °C vorheizen.

2 Die Shiitake-Pilze ausdrücken, würfelig schneiden und in der Hälfte der Butter mit Salz und Pfeffer anbraten. Die Nudeln in der restlichen Butter knusprig braten.

3 Das Obers mit dem Hühnerfond stark einkochen, leicht abkühlen und die restlichen Eigelbe unterrühren. Erdäpfelnudeln und Pilze mit der Gratiniermasse übergießen und im heißen Ofen goldgelb überbacken.

Gemüse-Cordon-bleu

Für 4 Portionen

Tip

Eine Tomatensauce wird würziger, wenn man sie nicht nur mit Salz und Pfeffer, sondern außerdem mit reichlich frischen Kräutern, einem Schuß Balsamicoessig und etwas Zucker abschmeckt.

- 2 mittelgroße Zucchini
- etwas Salz und Pfeffer aus der Mühle
- 120 g Emmentaler Käse
- ca. 2 Bund Basilikum
- reichlich Ausbackfett, 1 Ei
- 3 EL Mehl
- 3 EL Semmelbrösel
- Butterschmalz zum Ausbacken
- 1/2 l Tomatensauce

1 Die Zucchini schräg in 1 cm dicke Scheiben schneiden, salzen und pfeffern. Jede Zucchinischeibe mit 1 Scheibe Emmentaler und einem Basilikumblatt belegen, zusammenklappen und mit einem Zahnstocher zusammenstecken.

2 Das Ausbackfett auf etwa 190 °C erhitzen. Das Ei in einem tiefen Teller verschlagen. Die gefüllten Zucchinischeiben nacheinander durch das Mehl, das Ei und die Semmelbrösel ziehen und im heißem Butterschmalz goldbraun ausbacken.

3 Das restliche Basilikum fein hacken. Die Tomatensauce als Spiegel auf 4 Teller gießen. Die Gemüse-Cordon-bleu auf dem Saucenspiegel anrichten und das Ganze mit dem gehackten Basilikum bestreuen.

Blattsalat mit Crevetten

Für 4 Portionen

Tip

Vegetarier ersetzen die Crevetten durch Pilze. Besonders zu empfehlen sind die knackigen und fast überall erhältlichen Austernpilze.

- 400 g verschiedene Blattsalate
- je 2 EL Balsamessig, Olivenöl und Nußöl
- etwas Salz
- je 1 Bund Basilikum, Estragon, Dill und Schnittlauch
- 125 g Butter
- 6 EL Weißwein
- etwas Pfeffer aus der Mühle
- 1 Knoblauchzehe
- 400 g Crevetten, vorgekocht
- 1 Zitrone

1 Die Salate waschen, trockenschleudern und auf Tellern anrichten. Aus dem Essig, den Ölen und etwas Salz eine Vinaigrette rühren und über die Salate träufeln.

2 Die Kräuter waschen, trockenschütteln und fein hacken. Die Butter mit dem Weißwein aufkochen, mit Salz und Pfeffer würzen und die Knoblauchzehe dazu pressen. Die Crevetten und die gehackten Kräuter beifügen, kurz erhitzen und über den Salat geben. Die Zitrone in Scheiben schneiden und den Salat damit garnieren.

Kartoffeltascherl mit Räucherlachs

- 1/2 kg mehlige Erdäpfel
- 150 g Mehl
- 3 EL Weizengrieß
- 3 Eigelb
- etwas abgeriebene Muskatnuß
- 1 Knoblauchzehe
- 250 g Magertopfen
- 2 EL feine, frische Kräuter (Petersilie,
- Schnittlauch, Thymian, Kerbel)
- etwas Salz
- etwas weißer Pfeffer aus der Mühle
- 1 Prise Zucker
- 2 TL Zitronensaft
- 125 g Butter
- 4 EL geriebener Parmesan
- 200 g Räucherlachs

1 Die Erdäpfel in der Schale kochen, schälen und durch die Kartoffelpresse drücken. Die Erdäpfelmasse mit dem Mehl, dem Grieß, den Eigelben und dem Muskat zu einem festen Teig verkneten. Den Erdäpfelteig beiseite stellen und etwas rasten lassen.

2 Für die Topfenfülle den Knoblauch durch die Presse in den Topfen drücken. Den Topfen mit den Kräutern, Salz, Pfeffer, Zucker und Zitronensaft verrühren und würzig abschmecken.

3 Den Erdäpfelteig nun 8 mm dick ausrollen und Kreise von 5 cm Durchmesser ausstechen, mit einem Klecks Topfen füllen und zu einem Halbmond zusammenlegen. Den Rand gut andrücken. Die Kartoffeltascherl in siedendem Salzwasser etwa 5 Minuten ziehen lassen.

4 Die Butter schmelzen und erhitzen, bis sie bräunt. Sie darf nicht zu dunkel werden. Die Kartoffeltascherl auf Tellern anrichten, mit der braunen Butter überziehen und mit dem Parmesan bestreuen. Den fein geschnittenen Räucherlachs dazu anrichten.

Für 4 Portionen

Tip

Frische Kräuter sind nicht immer und schon gar nicht in sehr kleinen Mengen erhältlich. Ziehen Sie sich deshalb Ihre eigenen Gewürzkräuter im Garten oder auf dem Fensterbrett. Ein guter Ersatz sind tiefgefrorene Kräutermischungen.

»Zeit ist Geld«, meint Vincenz Strobel, und dieses ist für Vincenz bekanntlich nicht unwesentlich. Deshalb muß für ihn ein Gericht nicht nur gut schmecken, sondern auch schnell zubereitet sein. Wenn beides zutrifft, dann greift er auch gerne selbst zum Kochlöffel und überrascht seine Frau Fanny mit einem köstlichen Abendessen. Für sein Rührei mit Blattspinat ist er fast so berühmt und berüchtigt wie für seine gefinkelten Plädoyers vor Gericht.

Schnellgerichte

empfohlen von Vincenz Strobel

Schlicht und einfach

Mit den folgenden Rezepten möchten wir zeigen, daß es sehr schmackhafte Alternativen zu Fast Food und Fertiggerichten gibt. Verstehen Sie uns bitte nicht falsch, wir halten Hamburger und Co. nicht für den kulinarischen Beelzebub an sich, aber es gibt eben noch kreativere Möglichkeiten, schnell den Hunger zu stillen. Auf die Ideen kommt es an. Nudeln und Reis eignen sich beispielsweise hervorragend als Grundlagen für Schnellgerichte und lassen sich in ihrer Zubereitungsart fast endlos variieren. Aber auch eine einfache Eierspeise kann, ein wenig verfeinert, eine köstliche Mahlzeit sein.

Knoblauchspaghetti mit Shrimps

Für 4 Portionen

Tip

Geben Sie Basilikum immer zuletzt an ein Gericht. Es verliert an Aroma, wenn es mitgekocht wird.

- 500 g Spaghetti
- etwas Salz
- 3 Tomaten
- 100 g Butter
- 4 EL Olivenöl
- 2 Knoblauchzehen
- 400 g frische Shrimps
- etwas Pfeffer aus der Mühle
- 1 Prise Zucker
- 2 TL Balsamicoessig
- 2 EL fein gehacktes Basilikum
- 4 Basilikumherzen

1 Die Spaghetti in Salzwasser al dente kochen und mit kaltem Wasser abschrecken. Die Tomaten in kochendem Wasser brühen, unter fließendem Wasser abschrecken, enthäuten und entkernen. Das Fruchtfleisch in kleine Würfel schneiden.

2 Die Butter mit dem Olivenöl erhitzen, den Knoblauch dazu pressen und anrösten. Die Tomatenwürfel und die Shrimps dazugeben, kräftig kochen lassen und mit Salz, Pfeffer, Zucker und Balsamico abschmecken.

3 Abseits vom Feuer das Basilikum und die Spaghetti unter die Sauce mischen. Sofort auf Tellern anrichten und mit je 1 Basilikumherz garnieren.

(Foto Seiten 54–55)

Waldpilze mit Kräutern

Für 4 Portionen

Tip

Servieren Sie zu diesem Gericht Bratkartoffeln und einen gemischten Salat.

- 600 g Pilze (je nach Jahreszeit: Eierschwammerl, Steinpilze, Trompeten etc.)
- 1 Zwiebel
- je 1 Bund Petersilie und Kerbel (oder andere Kräuter der Saison)
- 100 g Butter
- etwas Salz und Pfeffer aus der Mühle

1 Die Pilze sorgfältig putzen, waschen und klein schneiden. Die Zwiebel schälen und fein würfeln. Die Kräuter waschen, trockenschütteln und fein hacken. 4 Stengel Petersilie zurückbehalten.

2 Die Butter in einer Pfanne erhitzen und die Zwiebel wenige Minuten anrösten. Die Pilze dazugeben und etwa 5 Minuten mitrösten.

3 Die Pilze mit Salz und Pfeffer abschmecken, mit den Kräutern bestreuen und auf Tellern anrichten. Mit den restlichen Petersilienstengeln garnieren.

Gefüllte Zucchini

- 4 mittelgroße Zucchini
- 1 große Zwiebel
- 6 EL Olivenöl
- 1 Knoblauchzehe
- 250 g faschiertes Rindfleisch (eventuell gemischtes Faschiertes)
- 50 g durchwachsener Räucherspeck
- 50 g Parmesan
- 1 Ei
- 1 TL Oregano
- etwas Salz und schwarzer Pfeffer aus der Mühle
- 3 EL Semmelbrösel
- 250 g Tomatensauce

1 Die Zucchini halbieren und aushöhlen. Das Fruchtfleisch hacken. Die Zwiebel schälen und fein hacken. 3 Eßlöffel Olivenöl erhitzen und die gehackten Zwiebeln darin anrösten. Die Knoblauchzehe durch die Presse drücken und mit dem Zucchinifleisch zur Zwiebel geben. Das Ganze weichdünsten und abtropfen lassen.

2 Das faschierte Fleisch im restlichen Olivenöl langsam krümelig braten und abtropfen lassen. Den Speck in dünne Streifen schneiden. Den Parmesan reiben. Den Backofen auf 180 °C vorheizen.

3 Das Gemüse mit dem Fleisch, dem Ei, dem Speck, dem Oregano, Salz und Pfeffer sowie der Hälfte des Parmesans gut vermischen. Soviel Semmelbrösel dazu mischen, daß ein fester Fleischteig entsteht. Die Zucchini damit füllen und mit dem restlichen Parmesan bestreuen.

4 Die Tomatensauce in eine feuerfeste Form gießen. Die gefüllten Zucchini in die Form setzen, mit Alufolie gut verschließen und im Ofen backen. Nach etwa 20 Minuten die Folie entfernen. Das Gericht kräftig Farbe annehmen lassen.

Für 4 Portionen

Tips

Servieren Sie die gefüllten Zucchini mit Reis und Salat.

Mit der beschriebenen Fleischfarce lassen sich auch Auberginen und Paprikaschoten füllen.

Gurkensuppe mit Räucherlachs

Für 4 Portionen

Tip

Vegetarier lassen den Räucherlachs weg und verdoppeln die Menge der Nüsse.

- 2 Salatgurken
- 2 Bund Dill
- 2 Knoblauchzehen
- 2 EL Olivenöl
- 1/2 l Buttermilch
- 1/8 l Milch
- 1/8 l Sauerrahm
- 1 TL Zitronensaft
- etwas Salz und Pfeffer aus der Mühle
- 300 g Räucherlachs
- 50 g Walnußkerne

1 Die Gurken schälen und der Länge nach halbieren. Die Kerne mit einem Teelöffel herausschaben und das Gurkenfleisch fein raspeln. 2 Eßlöffel von der Gurkenmasse beiseite stellen. 4 Dillzweige beiseite legen, den übrigen Dill grob hacken.

2 Die übrigen Gurkenraspel mit dem Knoblauch, dem Olivenöl, der Buttermilch, der Milch, dem Sauerrahm, dem Zitronensaft und dem gehackten Dill mit Salz und Pfeffer im Mixer durchmixen und 1 Stunde kalt stellen.

3 Den Räucherlachs in Streifen schneiden, die Walnußkerne grob hacken. Die gut gekühlte Suppe in tiefen Tellern anrichten. In die Mitte einen Tupfer Gurkenraspel geben und mit Räucherlachsstreifen und einem Dillzweig garnieren.

(Foto rechts)

Rührei mit Blattspinat

Für 4 Portionen

Tip

Rührei nicht zu lange garen, sonst wird es trocken. Die Masse soll weich und cremig sein.

- 200 g Blattspinat
- 30 g Butter
- 1 Knoblauchzehe
- etwas Salz und Pfeffer aus der Mühle
- 0,1 l Obers
- 8 Eier
- etwas geriebene Muskatnuß

1 Die Spinatblätter putzen und waschen, die Stiele entfernen. In der Pfanne die Butter erhitzen, den Spinat durchschwenken. Die Knoblauchzehe dazu pressen und den Spinat mit Salz, Pfeffer und Muskat würzen.

2 Die Eier aufschlagen und mit dem Obers verrühren. Zum Spinat zugeben und gut vermischen. Unter Rühren garen, bis die Eimasse gestockt ist.

Spargel mit Topinky

Für 4 Portionen

Tips

Für eine Geflügelglace läßt man einen passierten braunen Geflügelfond bei milder Hitze langsam einkochen, bis die Flüssigkeit am Löffel haftet.

Trüffeljus gibt es als Fertigprodukt in sehr gut sortierten Feinkostgeschäften. Es gibt dafür keine Ersatzstoffe. Wenn Sie keinen auftreiben können – es geht zur Not auch ohne.

- 150 g Reste und Abschnitte von Gänselebern
- 40 ml Oloroso-Sherry
- 20 ml Madeira
- 40 ml Sauternes
- etwas Salz und Pfeffer aus der Mühle
- 1 TL Korianderkörner
- etwas abgeriebene Muskatnuß
- 80 ml Erdnußöl
- 20 ml Haselnußöl
- 20 ml Sherryessig
- 40 ml braune Geflügelglace
- 1 TL Trüffeljus
- 16 grüne Spargelstangen
- 1 TL Zucker
- 4 kleine Landbrotscheiben
- 1 Knoblauchzehe
- 8 Scheiben rohe, parierte Gänsestopfleber
- etwas Meersalz und grober Pfeffer

1 Für das Gänseleber-Öl die Gänseleberreste mit dem Sherry, dem Madeira, dem Sauternes, Salz und Pfeffer über Nacht marinieren. Die Marinade abgießen und die Gänseleberstücke gut abtropfen lassen. In einer beschichteten Pfanne die Leberstücke ohne Fett anbraten, mit Koriander und Muskat würzen, vom Feuer nehmen und mit den beiden Ölen vermischen.

2 Die Gänseleber-Öl-Masse bei lauwarmer Temperatur etwa eine Stunde stehen lassen, dann alles auf ein grobes Haarsieb schütten und abtropfen lassen. Das fertige Öl enthält feine Leberstückchen, ist also nicht klar.

3 Den Sherryessig auf die Hälfte einkochen. Die Geflügelglace mit der Trüffeljus und dem Sherryessig vermischen, salzen und einmal aufkochen.

4 Den Spargel in leicht gezuckertem Salzwasser bißfest kochen. Das Landbrot rösten, mit Knoblauch einreiben und abkühlen lassen. Die Stopfleberscheiben auf dem Brot anrichten und mit Meersalz und Pfeffer bestreuen.

5 Den Spargel auf Teller verteilen, mit dem Gänsestopfleber-Öl begießen und mit der gesäuerten Glace beträufeln. Das Gänseleber-Brot dazu anrichten.

Makkaroni mit Tomaten

- 8 Tomaten
- 1 Bund Basilikum
- 500 g Makkaroni
- etwas Salz
- 30 g Butter
- 1 Knoblauchzehe
- Pfeffer aus der Mühle
- 50 g Parmesan

1 Die Tomaten in kochendem Wasser brühen, kalt abschrecken, häuten und entkernen. Das Basilikum waschen, trockenschütteln und fein schneiden. Die Makkaroni in reichlich Salzwasser bißfest kochen.

2 Inzwischen das Tomatenfleisch grob hacken. Die Butter in einem Topf erhitzen und die Tomaten darin schmelzen lassen. Die Knoblauchzehe zu der Tomatenmasse pressen und alles mit Salz und Pfeffer abschmecken. Die Makkaroni abgießen und sofort mit der Tomatensauce durchschwenken. Zum Schluß das Basilikum untermischen und das Ganze mit Parmesan bestreuen.

Für 4 Portionen

Tip

Fertig geriebener Parmesan entwickelt oft einen unangenehmen Geruch und ein undelikates Aroma. Unvergleichlich besser schmeckt es, wenn Sie Parmesan am Stück in feine Späne hobeln.

Folienerdäpfel mit Matjes

- 4 große mehlig kochende Erdäpfel
- 50 g Frühlingszwiebeln
- 2 Matjesfilets
- 2 Eigelb
- etwas schwarzer Pfeffer aus der Mühle
- 4 El Sojaöl
- 250 g Sauerrahm
- 125 g Kaviar

1 Den Backofen auf 200 °C vorheizen. Die Erdäpfel gründlich waschen, in Alufolie wickeln und ca. 1 Stunde im Ofen backen.

2 Inzwischen die Zwiebel putzen, die Matjes entgräten. Beides in Würfel schneiden, mit den Eigelben vermengen und pfeffern.

3 Von den Erdäpfeln einen Deckel abschneiden, beiseite legen. Die Erdäpfel zu etwa $^2/_3$ aushöhlen. Das ausgeschabte Fruchtfleisch mit den Matjes vermischen und die Masse in die Erdäpfel füllen. Das Sojaöl erhitzen, über die Erdäpfel geben und alles nochmals 10 Minuten bei 200 °C backen. Die gefüllten Erdäpfel mit dem Sauerrahm und dem Kaviar anrichten.

Für 4 Portionen

Tip

Wenn Sie den kräftigen Geschmack saurer Heringe nicht mögen, können Sie dieses Rezept auch mit geräucherten Fischfilets zubereiten.

Schinkenfleckerl

Für 4 Portionen

Tip

Ein Rezept zur Resteverwertung. Zu den Schnellgerichten gehört es unter der Voraussetzung, daß die wichtigsten Zutaten – Nudelteig, Béchamel- und Tomatensauce, ohnehin fertig vorhanden sind – im Restaurant selbstverständlich, im Haushalt eine Frage guter Planung.

- 400 g Nudelteig
- etwas Mehl zum Ausrollen
- etwas Salz
- 300 g Schinken in Scheiben
- 1 mittelgroße Zwiebel
- 2 Knoblauchzehen
- 1/2 Bund Petersilie
- 25 g Butter
- 25 g Mehl
- 1/4 l Milch
- 2 Lorbeerblätter
- etwas Pfeffer aus der Mühle
- etwas geriebene Muskatnuß
- 4 Eier
- 10 g Butter für die Form
- 3 EL Semmelbrösel
- 70 g Suppengemüse (Karotten, Stangensellerie, Lauch, Zwiebel)
- 1 EL Olivenöl
- 1 Dose Tomaten (850 g Einwaage)
- Salz, Pfeffer aus der Mühle
- 1 Prise Zucker
- 1 Thymianzweig

1 Für die Schinkenfleckerl den Nudelteig mit einem Minimum an Mehl hauchdünn ausrollen und in Rauten von 2 mal 2 cm schneiden. Die Nudelblättchen in reichlich Salzwasser bißfest kochen, abgießen und kurz abschrecken.

2 Auch den Schinken in Rauten schneiden und ohne Fett in einer beschichteten Pfanne kurz anbraten und herausnehmen. Inzwischen die Zwiebel schälen, fein würfeln und im Ausbratfett des Schinkens ebenfalls kurz rösten. Eine Knoblauchzehe reiben, die Petersilie waschen, trockentupfen und fein hacken.

3 In einem schweren Topf die Butter erhitzen, aber nicht braun werden lassen. Das Mehl zur Butter geben und bei milder Hitze in etwa 2 Minuten unter Rühren eine Einbrenn bereiten. Mit der Milch angießen und unter Rühren mit einem Schneebesen aufkochen lassen. Ein Lorbeerblatt zur Sauce geben, diese einige Minuten bei milder Hitze köcheln lassen, dabei immer wieder umrühren. Die Béchamelsauce mit Salz, Pfeffer und Muskat würzig abschmecken.

4 Abseits vom Feuer die Nudelfleckerln, die Schinkenrauten, die Zwiebel, den Knoblauch und die gehackte Petersilie zur heißen Béchamelsauce geben und das Ganze gut vermischen. Den Backofen auf 200 °C vorheizen.

5 Die Eier trennen. Das Eiweiß zu Schnee schlagen, die Eigelbe unter die Béchamelmasse ziehen. Zum Schluß den Schnee vorsichtig unterheben und das Ganze mit Pfeffer und Muskat abschmecken.

6 Eine Auflaufform ausbuttern und mit Semmelbröseln ausstreuen. Die Nudelmasse einfüllen, mit Semmelbröseln bestreuen und bei 200 °C im Rohr in etwa 40 Minuten aufgehen lassen. Die Oberfläche soll schön braun werden.

7 Inzwischen die Tomatensauce bereiten: Dazu das Suppengemüse putzen, waschen und sehr fein würfeln. Das Öl erhitzen und das Gemüse darin angehen lassen. Die Tomaten samt Saft dazugeben. Die Sauce mit Salz, Pfeffer und Zucker würzen, den Thymianzweig und das übrige Lorbeerblatt dazugeben, die restliche Knoblauchzehe dazu pressen. Die Tomatensauce mindestens 1/2 Stunde kochen lassen, dann durch ein Haarsieb streichen und nochmals abschmecken.

8 Die Tomatensauce als Spiegel auf vorgewärmte Teller verteilen. Den Auflauf aus dem Ofen nehmen und die Schinkenfleckerl portionsweise auf der Sauce anrichten.

Kalbshirn auf Kartoffelsalat

- 300 g Erdäpfel (festkochende Sorte)
- 1/4 l Rindsuppe
- 400 g Vogerlsalat
- 1 Schalotte
- 4 EL Weißweinessig
- etwas Salz und schwarzer Pfeffer aus der Mühle
- etwas Zucker
- 3 EL Keimöl
- 400 g Kalbshirn
- 1 Ei, leicht aufgeschlagen
- je 3 EL Mehl und Brösel für die Panier
- 2 EL Butter
- 4 Radieschen
- 2 Tomaten
- 4 EL Walnußöl, 2 EL Kirschessig

1 Die Erdäpfel in der Schale kochen, schälen, in dünne Scheiben schneiden, mit der heißen Rindsuppe übergießen und stehen lassen, bis die Erdäpfel die Suppe aufgesogen haben. Den Vogerlsalat putzen, waschen und abtropfen lassen.

2 Die Schalotte schälen, würfeln und zu den Kartoffeln geben. 2 Eßlöffel Weinessig mit Salz, Pfeffer, Zucker und Keimöl verrühren und den Erdäpfelsalat damit anmachen.

3 Das Kalbshirn sauber waschen, mit 1/2 l siedendem Essigwasser übergießen und etwa 10 Minuten zugedeckt stehen lassen. Die Häute entfernen, das Hirn in Scheiben schneiden, salzen und pfeffern. Die Hirnscheiben erst in Mehl, dann in Ei und zuletzt in Semmelbröseln wenden, in der heißen Butter goldgelb backen und warm stellen.

4 Die Radieschen in Scheiben, die Tomaten in Achtel schneiden. Aus Walnußöl, Kirschessig, Salz und Pfeffer eine Marinade rühren, den Vogerlsalat marinieren und vorsichtig unter den Kartoffelsalat heben. Das Hirn mit dem Salat anrichten und mit Radieschen und Tomaten garnieren.

Für 4 Personen

Tip

Wenn es üppiger werden darf, servieren Sie das gebackene Hirn mit einer würzigen Remoulade.

Fischgerichte

empfohlen von Wenzel Hofer

Am liebsten würde Wenzel Hofer natürlich nur selbst gefangene Fische essen. Denn Angeln ist Wenzels große Leidenschaft und die einzige Tätigkeit, bei der er sich wirklich nur in größten Notfällen stören läßt. Aber leider kommt der vielbeschäftigte Hoteldirektor viel zu selten dazu, seinem Hobby zu frönen. Einem Wallerfilet in Wurzelgemüse kann Wenzel aber in keinem Fall widerstehen, selbst wenn er den Fisch nicht selbst geangelt hat.

Frisch auf den Tisch

Am besten schmeckt der Fisch immer dort, wo er ganz frisch ist. Gott sei Dank muß man heute aber nicht mehr unmittelbar an einem Fluß, See oder gar am Meer wohnen, um frischen Fisch genießen zu können. Auch Seefische landen binnen 12 bis 14 Stunden in den Küchen des Binnenlandes, weshalb wir auch Rezepte für Seefisch in dieses Kapitel aufgenommen haben. In Gmunden und Umgebung bevorzugt man natürlich den beliebtesten Traunseefisch, die Reinanke.

Seeteufel mit Ratatouille

Für 6 Portionen

Tips

Die Ratatouille ist ein vielseitiges Rezept, und wahrscheinlich gibt es fast so viele Rezepte wie Haushalte in der Provence. Variieren Sie nach Belieben mit Zwiebeln oder Oliven, mit Rosmarin und Basilikum.

Servieren Sie die Ratatouille mit Weißbrot als leichte vegetarische Mahlzeit.

Achten Sie beim Einkauf darauf, daß die Anschnittstelle des Seeteufels keine eingetrockneten oder gar gelblichen Ränder aufweist.

- 800 g Auberginen
- 250 g Zucchini
- 150 g Paprikaschoten
- 10 Knoblauchzehen
- 5 EL Olivenöl
- etwas Salz und Pfeffer aus der Mühle
- 1 Bund Thymian
- 1 kleine Dose Pizzatomaten
- 1 Schalotte
- 80 g Butter
- 1 TL Paprikapulver
- 1 cl Noilly Prat (trockener weißer Vermouth)
- 4 cl Fischsud (aus dem Glas)
- 3 cl trockener Weißwein
- 1–2 TL Balsamicoessig
- etwas Zitronensaft
- 1 Msp. Cayennepfeffer
- 1 EL geschlagenes Obers
- 600 g Seeteufel
- etwas Salz und Pfeffer
- etwas Mehl zum Braten

1 Den Backofen auf 220 °C vorheizen. Das Gemüse waschen. Die Auberginen und Zucchini würfelig schneiden. Die Paprikaschoten entkernen und ebenfalls in Würfel schneiden. Die Knoblauchzehen schälen.

2 Die Auberginenwürfel in einer beschichteten Pfanne in 1 Eßlöffel Olivenöl kurz, aber kräftig anbraten, in ein Sieb schütten und abtropfen lassen, dann in eine ofenfeste Pfanne mit Deckel geben, salzen und pfeffern. 8 ganze Knoblauchzehen und den Thymian bis auf 2 Zweiglein dazugeben. Die Auberginen zugedeckt im Ofen etwa 10 Minuten dünsten.

3 Inzwischen die Zucchiniwürfel in 1 Eßlöffel Olivenöl langsam anbraten. Die Paprikawürfel dazugeben und wenige Minuten mitbraten. Schließlich die Auberginenwürfel und die Pizzatomaten zufügen, alles vermischen und abschmecken. Nach Geschmack noch etwas gerebelten Thymian zufügen.

4 Für die Sauce die Schalotte fein hacken. In einer Kasserolle 10 g Butter erhitzen und die Schalotte darin anschwitzen. Die Schalotte mit etwas Paprikapulver stäuben und mit dem Noilly Prat ablöschen. Nun den Fischsud, den Wein, Balsamico und Zitronensaft zufügen, das Ganze um ein Drittel einkochen lassen und mit Salz und Cayennepfeffer abschmecken.

5 Etwa 50 g Butter in kleinen, eiskalten Stückchen zufügen und die Sauce mit dem Mixstab aufschlagen. Zum Schluß das geschlagene Obers unterheben.

6 Den Seeteufel salzen, pfeffern und ganz zart mit Mehl bestäuben. In einer schweren Pfanne das restliche Olivenöl und die restliche Butter erhitzen und den Fisch langsam darin braten. Die restlichen Knoblauchzehen und Thymianzweiglein ins Bratfett legen – der Fisch wird so ganz zart parfümiert.

Lachs mit Schweinsfilet

- 400 g Lachsfilet
- etwas Salz und weißer Pfeffer aus der Mühle
- 1/8 l Obers
- 4 TL Zitronensaft
- 1 TL Worcestershire-Sauce
- 200 g Schweinsfilet
- 1 EL Butterschmalz
- 50 g Blattspinat
- 500 g Blätterteig
- 1 Ei
- 2 Eigelb
- 1 EL Rindsuppe
- 100 g Butter
- 1 EL Zitronensaft

1 Das Lachsfilet waschen, enthäuten und die Gräten abzupfen. Etwa 100 g des Lachsfilets klein schneiden, salzen und pfeffern und in der Moulinette pürieren. Das Obers und 1 Teelöffel Zitronensaft dazugeben und weiter mixen, bis eine feste Masse entsteht. Die Farce aus der Moulinette nehmen und kalt stellen.

2 Das restliche Lachsfilet auf beiden Seiten mit Salz, Pfeffer, Zitrone und Worcestershire-Sauce würzen. Die Schweinsfilets mit Salz und Pfeffer würzen, im Butterschmalz kurz anbraten und kalt stellen. Den Spinat in Salzwasser blanchieren und abtropfen lassen. Den Backofen auf 220 °C vorheizen.

3 Den Blätterteig etwa 0,5 cm dick ausrollen. Das Schweinsfilet auf den Blätterteig legen und mit dem Spinat bedecken. Das Lachsfilet daneben legen, die Zwischenräume mit der Lachsfarce ausfüllen und das Ganze zusammenrollen. Das Ei aufschlagen, leicht verschlagen, die Blätterteigroulade damit bestreichen und im Rohr etwa 30 Minuten backen.

4 Für die Sauce hollandaise die Eigelbe mit Salz, Pfeffer, dem restlichen Zitronensaft und der Rindsuppe verrühren. Das Ganze im Wasserbad aufschlagen, bis die Masse cremig wird. Inzwischen die Butter schmelzen. Die zerlassene Butter nach und nach unter ständigem Rühren zur Eimasse geben, bis eine homogene Sauce entstanden ist. Nach Geschmack mit Salz, Pfeffer und Zitronensaft nachwürzen.

Für 4 Portionen

Tip

Sauce hollandaise müssen Sie nicht unbedingt selbst herstellen. Es gibt sie in guter Qualität als Fertigprodukt zu kaufen.

Zander in Erdäpfelkruste

Für 4 Portionen

Tips

Achten Sie beim Kauf des Fisches unbedingt auf Frische.

Ein bunter Salatteller ist die richtige Beilage zu diesem raffinierten Gericht.

- 4 Zanderfilets à 150–180 g
- etwas Salz und Pfeffer aus der Mühle
- etwas Mehl
- 3 große Erdäpfel, mehlig kochend
- 2 Eier
- 50 g Lauch
- 1 EL Butter
- je 1/4 rote, gelbe und grüne Paprikaschote
- 1/8 l Obers
- 1/8 l Weißwein
- 1/8 l Fischfond
- 2 Knoblauchzehen

1 Die Zanderfilets enthäuten, salzen und pfeffern und auf beiden Seiten in Mehl wälzen. Die Erdäpfel schälen und fein raspeln. Die Erdäpfelraspel in eine Serviette geben und kräftig auswinden, so daß das darin enthaltene Wasser möglichst weitgehend abläuft.

2 Die Erdäpfelraspel mit den Eiern vermengen. Den Lauch in sehr feine Ringe schneiden, dann fein hacken und mit Salz und Pfeffer unter den Erdäpfelteig mischen.

3 Den Backofen auf 180 °C vorheizen. Die gemehlten Zanderfilets auf beiden Seiten mit der Kartoffelmasse bestreichen. Die Butter in einer ofenfesten Pfanne erhitzen und die Filets auf einer Seite anbraten. Nach 2 Minuten vorsichtig umdrehen und im Ofen etwa 10 Minuten backen. Inzwischen die Paprikaschoten waschen, entkernen und sehr kleinwürfelig schneiden.

4 Für die Knoblauchsauce das Obers mit dem Weißwein, dem Fischfond und den zerdrückten Knoblauchzehen sämig einkochen und kurz aufmixen. Die Sauce durch ein feines Sieb gießen und nochmals aufkochen lassen. Die Sauce als Spiegel auf 4 Teller verteilen und die Zanderfilets darauf anrichten. Das Ganze mit den Paprikawürfeln garnieren.

(Foto rechts)

Renkenfilet auf Safrankraut

Für 4 Portionen

Tips

Als Bestandteil eines Menues reicht das Rezept für 8 Portionen.

Anstelle des Safrankrautes kann auch mildes Sauerkraut gereicht werden, das langsam in Riesling gegart wurde.

- 4 Renkenfilets
- etwas Meersalz
- 2 TL Zitronensaft
- etwas weißer Pfeffer aus der Mühle
- 1 kleiner Weißkrautkopf
- 6 Schalotten
- 50 g Butter
- 1/4 l Riesling
- 1/2 TL Safran
- 1/2 l Fischfond (aus dem Glas)
- etwas Zucker
- 2 Champignons
- 1 Becher Obers (200 ml)
- 1 EL Butterschmalz

1 Die Renkenfilets entgräten und in 8 gleich große Stücke schneiden. Mit Meersalz, Zitrone und etwas Pfeffer würzen.

2 Das Weißkraut in Streifen schneiden. Die Schalotten schälen und fein würfeln. In einer Kasserolle 20 g Butter erhitzen und die Hälfte der Schalotten darin anschwitzen. Das Kraut dazugeben, kurz mitdünsten und mit der Hälfte des Weißweins ablöschen. Den Safran mit 3/8 l Fischfond aufkochen und einkochen, bis der Fond eine schöne gelbe Farbe hat. Danach den Fond auf das Kraut gießen. Das Kraut weich kochen und mit Salz, Pfeffer und etwas Zucker abschmecken.

3 Für die Sauce die Champignons waschen, putzen und fein hacken. 10 g Butter erhitzen und die restlichen gehackten Schalotten und die Champignons darin leicht anschwitzen. Das Ganze mit dem restlichen Riesling ablöschen, stark einkochen lassen und mit dem restlichen Fischfond aufgießen. Wieder einkochen lassen und das Obers beigeben. Die Sauce cremig einkochen, abseihen und mit Salz und Pfeffer abschmecken.

4 Das Butterschmalz zusammen mit der restlichen Butter in einer Pfanne erhitzen und die Renkenfilets darin auf beiden Seiten braten. Inzwischen die Sauce mit dem Stabmixer aufschäumen. Das Safrankraut auf Tellern verteilen, die Fischfilets darauf anrichten und das Ganze mit der Sauce begießen.

(Foto rechts)

Reinankenroulade

Für 4 Portionen

Tip

Als Bestandteil eines Menues reicht das Rezept für 8 Portionen.

- 4 Reinanken
- 70 g Blattspinat, etwas Salz
- 1/4 l Obers
- 2 Eiweiß
- etwas Pfeffer aus der Mühle
- 1 EL Zitronensaft
- 50 g Karotten
- 1/2 l Fischfond (aus dem Glas)
- 1/8 l Crème fraîche
- 3 EL Bärlauch, fein gehackt

1 Die Reinanken filetieren und mit einer Pinzette die Rückengräten auszupfen. Von den Filets nur etwa 10 cm verwenden, den Rest beiseite legen. Den Blattspinat in kochendem Salzwasser etwa 3 Minuten blanchieren, kalt abspülen und zur Seite stellen.

2 Für die Fischfarce die Fischabfälle von Gräten und Häuten befreien, mit der Hälfte des Obers und dem Eiweiß in einer Moulinette pürieren und mit Salz, Pfeffer und Zitronensaft würzen. Die Farce durch ein Haarsieb streichen. Die Karotten mit dem Sparschäler in feine Streifen schneiden.

3 Die Fischfilets leicht salzen und pfeffern und nebeneinander auf ein Stück gebutterte Alufolie legen. Die Filets mit Fischfarce bestreichen, mit Blattspinat füllen und mit Karottenstreifen belegen. Die Folie einrollen und zu einer Roulade formen. Den Fischfond auf knapp unter dem Siedepunkt erhitzen und die Roulade darin bei 80 °C etwa 10 Minuten garen.

4 Für die Bärlauchsauce das restliche Obers mit der Crème fraîche, dem gehackten Bärlauch, Salz und Pfeffer aufkochen und mit einem Stabmixer durchmixen.

5 Bärlauchsauce als Spiegel auf Teller geben, die Roulade schräg in der Mitte auseinanderschneiden und auf dem Saucenspiegel anrichten.

(Foto rechts)

Lachsforellenfilet auf Gemüse

Für 4 Portionen

Tip

Wenn Ihnen das Schwarzwurzel-Mangold-Gemüse mit seiner wundervollen Sahnesauce zu gehaltvoll ist, versuchen Sie dieses gesunde Gemüse auf englische Art: Kochen Sie die Schwarzwurzeln in Salzwasser mit einem Schuß Essig und schwenken Sie das Gemüse in zerlassener Butter.

- 300 g Schwarzwurzeln
- Saft von 1 Zitrone
- 1/8 l Milch
- 6 cl trockener Weißwein
- 200 g Crème fraîche
- 60 g eisgekühlte Butter
- Salz und weißer Pfeffer aus der Mühle
- 3 Mangoldblätter
- 2 große Erdäpfel
- 2 EL Butterschmalz
- 30 g Butter
- 350 g Lachsforellenfilet

1 Für das Gemüse die Wurzelansätze von den Schwarzwurzeln abschneiden. Die Stangen schälen, mit Zitronensaft abreiben und in gleich große Stücke schneiden. Die Schwarzwurzelstücke in Milch legen, damit sie sich nicht verfärben. Zusammen mit der Milch zum Kochen bringen, mit dem Wein angießen und in etwa 40 Minuten bißfest garen.

2 Die Schwarzwurzeln mit einem Siebschöpfer herausnehmen und kalt abschrecken. Den Fond stark einkochen, die Crème fraîche unterrühren und das Ganze noch einmal auf die Hälfte einkochen. Bei milder Hitze die eiskalte Butter mit dem Stabmixer in die Sauce mischen und mit Salz, Pfeffer und etwas Zitronensaft abschmecken.

3 Die Mangoldblätter waschen, trockentupfen und in feine Streifen schneiden, dann in kochendem Salzwasser 1 Minute blanchieren. Eiskalt abschrecken und abtropfen. Die Schwarzwurzeln und den Mangold in die Sauce geben, alles 2 Minuten köcheln lassen, vom Feuer nehmen und warm halten.

4 Die Erdäpfel waschen, schälen und fein reiben. Die Masse in einem Küchentuch gut ausdrücken und zu kleinen Plätzchen formen. Das Butterschmalz erhitzen, die Erdäpfelplätzchen knusprig goldbraun braten und leicht salzen.

5 Die Butter in einer schweren Pfanne erhitzen und die gesalzenen und gepfefferten Lachsforellenfilets darin langsam braten. Die Filets zusammen mit dem Gemüse und den Erdäpfelplätzchen auf Tellern anrichten.

Bachforelle in der Folie

Für 4 Portionen

- 4 frische Bachforellen
- etwas Salz und Pfeffer aus der Mühle
- 1 EL Zitronensaft
- 4 TL Kräuterbutter
- 1 Bund Petersilie
- 1 Bund Kerbel
- einige Zweige frischer Majoran
- einige Zweiglein von frischem Thymian
- 1 TL Butter für die Folien

1 Die Forellen gut waschen, gleichmäßig innen und außen salzen und pfeffern. Etwas Kräuterbutter sowie reichlich frische Kräuter in den Bauch des Fisches stecken. Den Backofen auf 180 °C vorheizen.

2 Die Folienstücke mit Butter fetten und die Fische darauf legen. Die Folien zusammenschlagen, zu gut geschlossenen Päckchen falten und die Forellen im Ofen etwa 12 Minuten garen. Den Fisch in der Folie servieren.

Tip

Ein schönes Rezept für ein sommerliches Grillfest.

Waller mit Gemüsestreifen

Für 4 Portionen

- 4 Wallerfilets zu je ca. 140 g
- 3 EL Salz
- etwas frischer Kren zum Einreiben
- 60 g Lauch
- 40 g Sellerie
- 40 g Karotten
- 20 g Schnittlauch
- 1 Zwiebel
- 1 Gewürznelke
- 1 Lorbeerblatt
- 1 Schuß Essig (nach Geschmack)
- $^{1}/_{4}$ l Obers
- 25 g eiskalte Butter

1 Den Waller portionieren. Die Gräten und Reste mit $^{1}/_{2}$ l Salzwasser aufkochen und bei mäßiger Hitze auf etwa 0,1 l einkochen. Die Wallerstücke mit frisch geriebenem Kren einreiben.

2 Das Gemüse putzen, waschen und in Streifen schneiden. Die Gemüsestreifen getrennt blanchieren, eiskalt abschrecken und beiseite stellen. Den Schnittlauch in feine Röllchen schneiden.

3 Die Zwiebel mit Gewürznelke und Lorbeerblatt spicken In einem ausreichend großen Topf $^{3}/_{4}$ l Wasser mit der gespickten Zwiebel, dem Salz und dem Essig aufkochen und etwa 10 Minuten kochen lassen. Die Wallerstücke in den eben kochenden Sud legen und auf kleinster Flamme etwa 8 Minuten ziehen lassen, herausnehmen und warm stellen.

4 Etwas von dem Sud abnehmen und die Gemüsestreifen darin erhitzen. Für die Sauce den vorbereiteten Fischfond mit derselben Menge Kochsud etwas einkochen lassen, dann mit Obers und Butter, die in kleinen eiskalten Stückchen zugegeben wird, mit dem Stabmixer aufschlagen.

5 Die Wallerstücke mit den gemischten Gemüsestreifen bedecken, mit dem Schnittlauch bestreuen und mit der Sauce umgießen.

Tip

Einen Fischfond selbst zuzubereiten, lohnt im Haushalt nur, wenn, wie beim Waller, größere Mengen an Gräten und Fischabfällen anfallen. Ansonsten ist es einfacher, ein Glas Fischfond fertig zu kaufen.

Nudeln, Knödel, Nockerln, alles kocht Anna Kofler gerne, aber die wirkliche Krönung eines Essens ist und bleibt ihrer Meinung nach immer noch ein saftiger Braten. »Der Mensch braucht etwas Anständiges im Magen, sonst wird er mieselsüchtig«, erklärt sie voll Überzeugung. Auch wenn Anna meist nur kostet und abschmeckt – schließlich achtet sie auch auf ihre schlanke Linie –, bei einem Szegediner Gulasch wird sogar sie schwach.

empfohlen von An[illegible]ofler

Fleischgerichte

Von den rein fleischlichen Genüssen

Durch die innovative Arbeit der Bauern ist es wieder möglich geworden, Fleisch zu kaufen, von dem man weiß, wo es herkommt. Kontrolliertes Fleisch ist mittlerweile schon überall im Handel erhältlich. Lassen Sie sich bitte nicht durch eine noch so schöne rosa Farbe verleiten, sondern werfen Sie lieber einen zweiten Blick auf ein Stück, bevor Sie es kaufen. Die Aneignung einer gewissen Produktkenntnis und vor allem ein freundschaftliches Verhältnis zu einem Fleischhauer Ihres Vertrauens werden sich sicher bezahlt machen.

Lammrücken in Kräuterkruste

Für 4 Portionen

Tip

Zum mediterranen Charakter dieses Gerichts paßt wunderbar die auf Seite 70 beschriebene Ratatouille. Als Begleiter des herzhaften Lammrückens sollte das Gemüse mit Zwiebeln und Oliven zubereitet werden und darf kräftig mit Kräutern und Knoblauch abgeschmeckt werden.

- 1/2 Bund Petersilie
- 1/2 Bund Basilikum
- einige Zweiglein Thymian
- 1/2 Bund Estragon
- 2 Zweige Rosmarin
- 1 Knoblauchzehe
- 600 g Lammrückenfilet
- Salz und Pfeffer aus der Mühle
- ca. 0,1 l Olivenöl
- 1 EL mittelscharfer Senf
- 200 g Weißbrotbrösel
- 1/2 l Lammjus (aus dem Glas)
- 3 speckige Erdäpfel
- 1 Bund Kerbel
- 20 g Butter

1 Die Kräuter waschen, trockentupfen, die Thymianblättchen abrebeln. Einen Rosmarinzweig beiseite legen. Die übrigen Kräuter zusammen mit dem Knoblauch fein hacken und mischen. Den Backofen auf 180 °C vorheizen.

2 Die Lammfilets putzen, in portionsgerechte Stücke schneiden und mit Salz und Pfeffer würzen. 2 Eßlöffel Olivenöl in einer schweren, ofenfesten Pfanne erhitzen und die Fleischstücke darin scharf anbraten. Das Fleisch im Ofen etwa 3 Minuten weitergaren, dann mit Senf und der Kräutermischung bestreichen. Die Weißbrotbrösel mit soviel Olivenöl verrühren, daß sie aneinander haften und als dicke Schicht auf die Kräuter streichen. Das Ganze 5 Minuten rasten lassen. Inzwischen im Backofen, sofern vorhanden den Grill, anderenfalls Oberhitze einschalten. Die Kräuterkruste unter dem Grill bräunen.

3 Den restlichen Rosmarinzweig grob hacken. Lammjus mit dem Rosmarin aufkochen, auf die Hälfte einkochen und mit Salz und Pfeffer abschmecken.

4 Die Erdäpfel schälen und in hauchdünne Blätter schneiden. Zwischen zwei Blätter einen Zweig Kerbel legen und fest andrücken. Die Kerbelchips in der heißen Butter knusprig braten.

5 Die Sauce als Spiegel auf Teller verteilen, die Lammfilets mit den Kerbelchips darauf anrichten.

(Foto Seiten 80–81)

Kalbsnieren in Curryrahm

- 3–4 Kalbsnieren
- 1 Apfel
- 2 Tomaten
- 1/2 Zwiebel
- etwas Salz und Pfeffer aus der Mühle
- 1 EL Butterschmalz
- 1 TL Curry
- 2 EL Mango-Chutney
- 1/8 l Obers
- 5 EL Rindsuppe
- 1/8 l Crème fraîche

1 Die Kalbsnieren von Fett und Sehnen befreien, dann in feine Streifen oder Scheiben schneiden. Den Apfel schälen und würfelig schneiden. Die Tomaten brühen, kalt abschrecken, häuten und entkernen. Das Fruchtfleisch klein schneiden. Die Zwiebel in feine Würfel schneiden.

2 Die Nieren mit Salz und Pfeffer würzen, im heißen Butterschmalz rasch kurz anbraten, aus der Pfanne nehmen, warm stellen.

3 Die Zwiebel in die Pfanne geben und glasig dünsten. Die Apfelwürfel dazugeben, kurz mitdünsten. Den Pfanneninhalt mit dem Curry stauben, das Mango-Chutney dazu geben und mit dem Obers und der Rindsuppe angießen. Die Crème fraîche in die Sauce rühren, das Ganze bei lebhafter Hitze einkochen lassen und mit Salz, Pfeffer und vielleicht noch etwas Curry abschmecken.

4 Zuletzt die Kalbsnieren und die Tomaten in die Sauce geben und kurz aufkochen. Die Nieren sollen leicht rosa bleiben.

Für 4 Portionen

Tip

Curry ist die Bezeichnung für eine Mischung orientalischer Gewürze nach indischen Rezepten. Die von den europäischen Gewürzherstellern vertriebenen Currys sind mild und färben stark. Delikater, aber auch schärfer sind Currys aus dem Asienladen wie »Hot Madras«.

Kalbsnierenbraten mit Risotto

- 1 kg Kalbsrücken (ausgelöst)
- 1 Kalbsniere ohne Fett
- etwas Salz und weißer Pfeffer aus der Mühle
- 2 EL Butter
- 150 g Suppengemüse (TK)
- 1/4 l Rindsuppe
- 1/8 l Kalbsjus
- 1/8 l Obers
- 1 Zwiebel
- 200 g Pilze nach Saison
- 100 g Risottoreis
- 2 EL feingehackte Kräuter (Kerbel, Petersilie, Thymian, Rosmarin)

1 Den Kalbsrücken der Länge nach bis zur Mitte einschneiden. Die Kalbsniere in Viertel schneiden, sauber putzen und von allen harten Strängen befreien. Den Kalbsrücken mit den Nierenstücken füllen und mit Spagat sauber binden. Den Backofen auf 180 °C vorheizen.

2 Den Kalbsrücken gut salzen und pfeffern. In einer Bratreine 1 Eßlöffel Butter erhitzen und darin den Braten auf beiden Seiten anbraten. Das Suppengemüse mitrösten,

Für 4 Portionen

Tip

Lassen Sie sich den Nierenbraten von Ihrem Fleischer rollen.

anschließend mit etwas Suppe angießen. Den Kalbsrücken im Ofen je nach Dicke des Rückens etwa 40 bis 50 Minuten braten. Dabei immer wieder mit dem Bratensaft begießen und eventuell weitere Suppe angießen.

3 Am Ende der Garzeit das Fleisch aus der Reine nehmen, warm stellen, die Sauce durch ein Haarsieb streichen. Kalbsjus und Obers zur Sauce geben und auf die gewünschte Konsistenz einkochen.

4 Für das Kräuterpilzrisotto die Zwiebel und die Pilze klein schneiden und in der restlichen Butter kurz rösten. Den Reis in Salzwasser garen und unter die Pilze mischen. Das Fleisch aufschneiden und mit dem Kräuterpilzrisotto und der Sauce anrichten.

Mostlungenbraten mit Schmarrn

Für 4 Portionen

- 50 g Karotten
- 50 g Sellerie
- 50 g Lauch
- 150 g Blattspinat
- 700 g Schweinslungenbraten
- etwas Salz und Pfeffer aus der Mühle
- 200 g Speckscheiben
- 70 g Butter
- 1/2 l Most
- 1/8 l Rindsuppe
- 250 g Erdäpfel, mehlig kochend
- 50 g Zwiebel
- 1 TL getrockneter Majoran
- 1/2 TL gemahlener Kümmel
- 100 g ausgelassene Speckgrammeln

1 Das Gemüse waschen. Karotten, Sellerie und Lauch fein würfeln, den Spinat putzen, waschen und in Salzwasser blanchieren. Den Backofen auf 180 °C vorheizen. In die Schweinslungenbraten mit einem Kochlöffel ein Loch stechen und mit dem Spinat füllen.

2 Das Fleisch salzen und pfeffern und mit Speck umwickeln. 10 g Butter erhitzen und das Fleisch darin auf allen Seiten anbraten. Dann im Ofen 12 Minuten weiterbraten.

3 Inzwischen das Gemüse in 10 g Butter anschwitzen, mit Most und Suppe aufgießen, aufkochen lassen, zum Fleisch geben und das Ganze fertiggaren.

4 Für den Grammelschmarrn die Erdäpfel kochen, schälen und fein raspeln. Die Zwiebel fein würfeln. Die restliche Butter in einer schweren Pfanne erhitzen. Die Kartoffelraspel mit der Zwiebel schön goldgelb anrösten und mit Salz, Pfeffer, dem Majoran und dem Kümmel würzen. Die Speckgrammeln dazugeben und den Schmarrn fertigrösten.

(Foto rechts)

Tip

Servieren Sie den Mostlungenbraten mit Rahmkohlrabi. Dünsten Sie die kleingeschnittenen Kohlrabi in Rindsuppe an, gießen Sie reichlich Obers auf und lassen Sie das Gemüse kochen, bis die Sauce schön sämig ist.

Lammstelzen mit Erdäpfelstrudel

Für 4 Portionen

Tip

Sie können sich viel Arbeit sparen, wenn Sie für Ihre Strudel fertigen Strudelteig verwenden. Für sehr feine Bäckereien gibt es in türkischen und griechischen Lebensmittelgeschäften unter der Bezeichnung »Filloteig« besonders dünne Strudelplatten.

- 300 g gekochte Erdäpfel
- 1 Zwiebel
- 1 EL Butterschmalz
- 2 Eier
- 4 cl Obers
- Salz und Pfeffer aus der Mühle
- etwas abgeriebene Muskatnuß
- 1/2 TL gemahlener Kümmel
- 1 Strudelblatt (Fertigprodukt)
- 4 Lammstelzen à ca. 300 g
- 2 Knoblauchzehen
- 4 EL Olivenöl
- 300 g Suppengemüse (Karotten, Lauch, Sellerie, Zwiebel)
- 1 kleine Dose Tomatenmark
- 1/2 l Bratensaft
- 1/8 l Rotwein
- 2 Zweige frischer Rosmarin
- 2 Zweige frischer Thymian
- 8 Stangen grüner Spargel
- 20 g kalte Butter

1 Für den Erdäpfelstrudel die Erdäpfel in der Schale garen, schälen und raspeln. Die Zwiebel schälen und fein würfeln. In einer beschichteten Pfanne das Butterschmalz erhitzen, die Zwiebel und die Kartoffelraspel dazugeben und alles schön goldgelb rösten.

2 Den Backofen auf 180 °C vorheizen. Ein Ei und das Obers unter die Kartoffelmasse mischen und mit Salz, Pfeffer, Muskat und Kümmel würzig abschmecken. Die Masse erkalten lassen, auf ein Strudelblatt aufstreichen, aufwickeln und mit Ei bestreichen. Den Erdäpfelstrudel im Ofen etwa 15 Minuten backen.

3 Die Knoblauchzehen durch die Presse drücken und die Lammstelzen mit Knoblauch einreiben, salzen und pfeffern. In einer großen, ofenfesten Pfanne das Olivenöl erhitzen und die Lammstelzen darin von allen Seiten anbraten.

4 Das Fleisch aus der Pfanne nehmen, das Suppengemüse hineingeben und einige Minuten rösten. Das Tomatenmark unter das Gemüse rühren, mit Bratensaft und Rotwein aufgießen und reichlich Rosmarin und Thymian dazugeben. Die Lammstelzen zur Sauce geben und bei 180 °C im Ofen fertigbraten.

5 Inzwischen den Spargel in wenig Salzwasser gar kochen. Am Ende der Bratzeit die Lammstelzen herausnehmen und warm stellen. Die Sauce durch ein Haarsieb streichen, einkochen lassen und mit der kalten Butter aufschlagen.

6 Die Lammstelzen mit dem Erdäpfelstrudel auf vorgewärmten Tellern anrichten und mit dem grünem, gekochten Spargel garnieren.

Fledermaus mit Mandelkruste

- 3 Fledermäuse (à ca. 180 g)
- 1 Stange Lauch
- 2 Karotten
- 2 Petersilienwurzeln
- 50 g Sellerie
- 2 Zwiebeln
- etwas Salz
- 10 Pfefferkörner
- 30 g Butter
- 20 g Mehl
- 1/8 l Milch
- 1/8 l Rindsuppe
- 2 EL Kren, gerieben
- 3 EL Mandeln, gehobelt
- 2 Eigelb

1 Reichlich Wasser zum Kochen bringen. Die Fledermäuse waschen und von Fett und Häuten befreien. Das Gemüse putzen, waschen und grob schneiden. Das Fleisch zusammen mit dem Gemüse einlegen, salzen, die Pfefferkörner zufügen und das Ganze schwach wallend etwa 2 Stunden kochen. Das Fleisch kurz in kaltem Wasser abschrecken. Den Backofen auf höchster Stufe vorheizen, falls vorhanden, den Grill einschalten.

2 Die Butter in einem Topf schmelzen und das Mehl darin anschwitzen, die Milch erhitzen. Die Mehlschwitze mit Milch und Rindsuppe aufgießen, glattrühren und einige Minuten auf kleiner Flamme kochen. Kren und Mandeln zur Sauce geben, mit Salz abschmecken und nochmals gut durchrühren.

3 Die Sauce durch ein Sieb gießen. Die Fledermäuse mit der abgeseihten Mandel-Krenmasse dicht bestreichen und bei größter Oberhitze überbacken. Inzwischen die Sauce mit den Eigelben legieren und nicht mehr einkochen.

4 Die Fledermäuse gegen die Faser aufschneiden und mit etwas Sauce anrichten.

Für 4 Portionen

Tips

Als »Fledermaus« bezeichnet man das Stück Rindfleisch, das in der Vertiefung des Schlußknochens liegt und besonders saftig ist.

Servieren Sie die Fledermäuse mit Rösterdäpfeln und sauer eingelegten Gemüsen. Auch eine Schnittlauchsauce schmeckt sehr gut dazu.

Gefüllte Kaninchenkeule

Für 4 Portionen

Tip

Polenta schmeckt besonders delikat, wenn Sie frisch gehobelte Parmesan-Späne unter die Grießmasse rühren.

- 100 g Geflügelbrust
- 50 g Blattspinat
- 1 Eiweiß
- $^{1}/_{4}$ l Obers
- 1 rote Paprikaschote
- 60 g Butter
- 100 g Steinpilze
- 4 Kaninchenkeulen
- Salz und Pfeffer aus der Mühle
- 1 gut gewässertes Schweinsnetz
- 100 g Suppengemüse (TK, aufgetaut)
- $^{1}/_{8}$ l Rotwein
- $^{1}/_{8}$ l Bratensaft (aus dem Glas)
- 1 Rosmarinzweig
- 250 g Kürbis
- etwas Rindsuppe
- 1 Tropfen Kernöl
- $^{1}/_{4}$ l Milch
- 100 g Maisgrieß

1 Das Geflügelfleisch mit dem Spinat, dem Eiweiß und der Hälfte des Obers in der Moulinette fein pürieren, durch ein Haarsieb streichen und kalt stellen. Die Paprikaschote waschen, würfelig schneiden und in 10 g Butter kurz anbraten. Die Steinpilze putzen und fein hacken. Den Backofen auf 180 °C vorheizen.

2 Die Kaninchenkeulen auslösen, salzen und pfeffern. Die Steinpilze zusammen mit den Paprikawürfeln zur Geflügelfarce geben, die Keulen damit füllen, zusammenlegen und in das Schweinsnetz wickeln.

3 In einem Bräter 20 g Butter erhitzen und die gefüllten Kaninchenkeulen darin auf beiden Seiten anbraten, herausnehmen und warm stellen. Das Suppengemüse in die heiße Butter geben und anbraten, mit Wein und Bratensaft angießen und den Rosmarin dazugeben. Die Keulen wieder in den Bräter legen und das ganze im Ofen etwa 15 Minuten schmoren.

4 Die Keulen herausnehmen und warm stellen. Die Sauce mit dem Mixstab kräftig mixen und mit der restlichen Butter aufschlagen.

5 Für das Kürbisgemüse das Kürbisfleisch in feine Streifen schneiden und in einer Kasserolle mit etwas Rindsuppe kurz andünsten. Das Gemüse mit $^{1}/_{8}$ l Obers aufgießen, mit Salz, Pfeffer und Kernöl abschmecken und einkochen lassen.

6 Für die Polenta die Milch erhitzen, den Maisgrieß unter Rühren einstreuen, weichkochen und mit Salz und Pfeffer würzen. Aus der Polenta mit 2 Löffeln kleine Nockerl formen.

7 Die Kaninchenkeulen aufschneiden, anrichten, mit dem Gemüse und den Polentanockerln anrichten und mit der Sauce untergießen.

(Foto rechts)

Ochsenschwanz in Rotweinsauce

Für 4 Portionen

Tip

Servieren Sie zum Ochsenschwanz ein sahniges Erdäpfelmus, das Sie mit Röstzwiebeln garnieren.

- 2,5 kg Ochsenschwanz
- etwas Salz
- 3 EL Öl
- 200 g Suppengemüse (TK, aufgetaut)
- 1 l Rotwein
- etwas Tomatenmark
- 1 TL Paprikapulver
- 1 Lorbeerblatt
- 10 Wacholderbeeren
- 10 Pfefferkörner
- 40 g Butter, 20–30 Jungzwieberl
- 1/4 l Rindsuppe

1 Den Ochsenschwanz in kleine Stücke schneiden, leicht salzen und im heißen Öl kräftig anbraten. Das Fleisch soll eine dunkle Farbe annehmen. Den Ochsenschwanz aus dem Topf nehmen und warm stellen, das Fett abschütten, das Suppengemüse in den Topf geben und dunkel rösten. Mit dem Rotwein ablöschen, Fleisch, Tomatenmark sowie die Gewürze dazugeben und alles zugedeckt etwa 2 Stunden leicht köcheln lassen.

2 Das Fleisch herausnehmen und warm stellen. Die Sauce durch ein Haarsieb streichen und auf etwa 1/4 l einkochen. Die Hälfte der Butter dazugeben und die Sauce mit dem Mixstab aufschlagen.

3 Die Jungzwieberln in Rindsuppe kochen, kurz in Butter schwenken und mild salzen und pfeffern. Den Ochsenschwanz mit den Jungzwieberln und der Sauce anrichten.

Gefüllte Kalbsrückenscheiben

Für 4 Portionen

Tip

Es ist nicht leicht, die gefüllten Kalbsrückenscheiben beim Braten zu wenden, ohne daß sie auseinanderfallen. Besser geht es, wenn Sie die Scheiben mit Zahnstochern zusammenstecken.

- 800 g Kalbsrücken
- etwas Salz und weißer Pfeffer aus der Mühle
- 200 g Lauch
- 40 g Butter
- 0,1 l Weißwein
- 0,3 l Obers
- 2 Zitronen

1 Den Kalbsrücken von Häuten und Sehnen befreien und in 8 gleich dicke Scheiben schneiden. Jede Scheibe unter Klarsichtfolie sehr dünn klopfen, salzen und pfeffern. Den Backofen auf 160 °C vorheizen.

2 Den Lauch putzen, waschen und in feine Ringe schneiden. Die Hälfte der Butter in einer Kasserolle erhitzen und den Lauch darin andünsten. Das Gemüse mit einem Schuß Wein ablöschen, mit 0,1 l Obers aufgießen und zu einem dickflüssigen Brei einkochen.

3 Die Lauchmasse auf 4 Kalbsrückenscheiben streichen und mit den restlichen Scheiben zudecken. Den Rand fest andrücken. Die restliche Butter in einer ofenfesten Pfanne erhitzen und die Kalbsrückenscheiben auf beiden Seiten scharf anbraten, herausgeben und

fünf Minuten im Rohr bei 160 °C garen. Inzwischen eine Zitrone auspressen, die andere in Spalten schneiden.

4 Die Kalbsrückenscheiben aus der Pfanne nehmen und warm stellen. Den Bratenrückstand in der Pfanne mit dem restlichen Weißwein ablöschen und das restliche Obers angießen. Die Sauce auf kleiner Flamme auf die Hälfte einkochen lassen und mit Salz, Pfeffer und dem Zitronensaft mildwürzig abschmecken.

5 Die Sauce als Spiegel auf Teller verteilen und die Kalbsrückenscheiben darauf setzen. Mit den Zitronenspalten garnieren.

Rinderfilet auf Erdäpfellauch

- 4 Schalotten, fein gehackt
- 10 g Butter
- 8 cl trockener Rotwein
- 1/4 l brauner Kalbsfond (aus dem Glas)
- Salz, Pfeffer aus der Mühle
- 4 cl roter Portwein
- 300 g kleine festkochende Erdäpfel
- 300 g Lauch
- 1/4 l heller Geflügelfond (aus dem Glas)
- 5 cl trockener Weißwein
- 40 g eisgekühlte Butterwürfel
- Salz, Pfeffer aus der Mühle
- 2 EL geschlagenes Obers
- 600 g Rinderfilet ohne Häute und Sehnen
- 20 g Butterschmalz
- 80 g Rindermark
- 4 Scheiben Toastbrot (ohne Rinde)
- 2 EL Petersilie, fein gehackt

1 Die Schalotten in der heißen Butter glasig dünsten. Mit dem Rotwein und dem Fond auffüllen und auf 0,15 l einkochen. Die Sauce durch ein feines Haarsieb passieren und mit Salz, Pfeffer und Portwein abschmecken.

2 Die Erdäpfel waschen, schälen und in etwa 1,5 mm dünne Scheiben schneiden. Den Lauch putzen, waschen und in gleichmäßige, 3 mm dünne Ringe schneiden. Den Geflügelfond mit dem Wein erhitzen und Erdäpfel und Lauch darin bißfest garen. Bei milder Hitze die eiskalte Butter unter das Gemüse rühren, salzen, pfeffern und das Schlagobers unterziehen.

3 Das Rindsfilet in 4 gleich große Scheiben teilen, salzen und pfeffern und in dem erhitzten Butterschmalz rosa braten. Herausnehmen und auf eine feuerfeste Platte legen. Das gewässerte Rindermark fein würfeln und in einem Spitzsieb 3 Sekunden blanchieren.

4 Toastbrot grob zerpflücken und mit der Petersilie und dem Rindermark in der Moulinette pürieren. Diese Farce auf die Filets streichen und das Ganze unter dem Grill goldbraun gratinieren.

Für 4 Portionen

Tip

Reichen Sie zu diesem Gericht einen vollmundigen Rotwein.

Wild- und Geflügel

empfohlen von Georg Brandner

Liebe geht bekanntlich durch den Magen, und Georg liebt nun mal Wald und Wild. Bei so einem zarten Rehschlegel kann Georg schon ins Schwärmen geraten. Da riecht er den Duft der saftigen Wiesen, spürt die frische, gute Luft und denkt an Stunden im Morgengrauen, die er ganz alleine auf seinem Hochstand zubringt. Daran kann auch Sissy nichts ändern. Denn Rehrückenmedaillons auf Preiselbeerschaum sind nun einmal Georgs Leibspeise.

Alles zu seiner Zeit

Die Tage werden kürzer, die Sonne brennt längst nicht mehr so heiß, und die Blätter verfärben sich bunt. Für die meisten Menschen sind das Gründe, dem vergangenen Sommer nachzutrauern. Für den wahren Feinspitz aber ist es ein Anlaß zum Jubel, denn die Wildsaison steht vor der Tür. Hasen, Rehe, Rebhühner, Gänse, Enten sind nun mal typische Herbstgerichte. Ausnahmen, wie zum Beispiel die beliebten »Maiböcke«, bestätigen wie immer die Regel. In Oberösterreich werden alle Arten von Wildgerichten gerne gegessen, und dazu serviert man meistens die wohlgeformteste aller Beilagen, nämlich Knödel. Ob als Grießknödel, Erdäpfelknödel oder Semmelknödel, jede Form dieses runden Genusses erfreut sich größter Beliebtheit.

Rebhenderl auf Kohl

Für 4 Portionen

Tip

Für dieses Rezept eignen sich nur junge Rebhühner. Ältere Vögel können nicht gebraten, sondern müssen geschmort werden.

- 6 Scheiben Weißbrot ohne Rinde, würfelig geschnitten
- 2 Rosmarinzweige
- 1/2 Bund Petersilie
- 2 Eier
- 50 g Butter
- 30 g Geflügelleber
- etwas Salz und Pfeffer aus der Mühle
- etwas Wildgewürz
- 2 Rebhenderl
- 4 große Scheiben fetter Speck
- 1/2 l Rindsuppe
- 1 Kohlkopf
- 1/2 Zwiebel
- 100 g magerer Speck
- etwas Weinessig (nach Geschmack)

1 Für die Fülle das Weißbrot in einer beschichteten Pfanne ohne Fett gleichmäßig rösten. Die Kräuter waschen, trockenschütteln und fein hacken. Die Eier trennen. Die Eigelbe mit der Butter im Wasserbad schaumig schlagen. Das Eiweiß steif schlagen und unter die Buttermasse heben. Die Geflügelleber klein schneiden, mit dem Weißbrot und den Kräutern mischen und mit Salz, Pfeffer und Wildgewürz kräftig würzen. Diese Mischung unter die Eimasse heben.

2 Den Backofen auf 180 °C vorheizen. Die Rebhenderl sauber waschen, mit der Eimasse füllen und mit Speckscheiben auf der Brust umwickeln. Mit Küchengarn in Form binden. Die Rebhühner in einen Bräter geben und etwa 50 Minuten im Ofen braten. Dabei immer wieder mit Rindsuppe begießen.

3 Für das Gemüse den Kohl in feine Rauten schneiden und in Salzwasser blanchieren. Die Zwiebel fein würfeln, den mageren Speck in schmale Streifen schneiden und in einer Kasserolle auslassen. Die Zwiebelwürfel im Speckfett glasig dünsten. Den Kohl zugeben und einige Minuten unter Rühren anbraten. Die restliche Rindsuppe angießen, den Kohl weich dünsten und mit Salz, Pfeffer und evtl. einem Schuß Essig herzhaft abschmecken.

4 Am Ende der Garzeit die Rebhenderl aus dem Bräter nehmen und warm stellen. Den Bratsatz loskochen, die Sauce abschmecken und durch ein Sieb passieren. Die Rebhühner ganz oder halbiert mit dem Kohl anrichten und den Bratensaft getrennt dazu servieren.

(Foto Seiten 94–95)

Rehrücken auf Preiselbeerschaum

- $^1/_2$ l Milch
- etwas Salz
- etwas geriebene Muskatnuß
- 200 g Maisgrieß
- 1 Ei
- 0,1 l Obers
- 20 g Butter
- 2 Eigelb, $^1/_8$ l guten Rotwein
- 4 EL Preiselbeeren (aus dem Glas)
- etwas Pfeffer aus der Mühle
- 600 g Rehrückenfilet
- 1 EL Butterschmalz

1 Für die Polenta die Milch mit etwas Salz und Muskat aufkochen. Den Maisgrieß abseits vom Feuer in die heiße Milch einrühren. Die Polenta unter Rühren aufkochen und weiterkochen, bis eine breiige Masse entstanden ist. Das Ei und das Obers einrühren und die Masse dann auf ein Blech streichen. Nach dem Erkalten die Polenta in beliebige Formen schneiden oder ausstechen. Die Butter erhitzen und die Polentastücke goldbraun braten.

2 Für den Preiselbeerschaum die Eigelbe mit dem Rotwein, den Preiselbeeren, Salz und Pfeffer im Wasserbad so lange schlagen, bis ein dicker Schaum entsteht.

3 Die Rehrücken in Medaillons schneiden, salzen, pfeffern und in Butterschmalz auf jeder Seite 4 Minuten langsam braten. Die Medaillons 5 Minuten warm stellen. Den Preiselbeerschaum auf Teller verteilen, die Medaillons darauf setzen und mit einigen Polentastücken umlegen.

Für 4 Portionen

Tip

Von der früher üblichen Methode, Wildfleisch mit fettem Speck zu spicken, ist man heute weitgehend abgekommen. Hochwertiges Fleisch von jungen Tieren bleibt zart, wenn es nicht zu lange gebraten wird.

Hasenpfeffer

- 10–12 Hasenschultern
- $^1/_2$ l Rotwein
- 1 EL Essig
- 200 g Suppengemüse (TK)
- 5 Wacholderbeeren
- 1 Lorbeerblatt
- 10 Pfefferkörner
- etwas Salz und Pfeffer
- 2 EL Wildgewürz
- 1 Suppengrün
- 2 EL Öl
- 2 EL Preiselbeeren (aus dem Glas)
- 1 EL Sauerrahm (nach Geschmack)

1 Die Hasenschultern entbeinen, das Fleisch in mundgerechte Stücke schneiden und in eine tiefe Schüssel geben. Den Rotwein mit $^1/_2$ l Wasser, dem Essig, dem Suppengemüse und den Gewürzen kurz aufkochen und über die Hasenschultern gießen. Das Fleisch soll vollständig von der Marinade bedeckt sein. Im Kühlschrank 2 bis 3 Tage marinieren.

2 Das Hasenfleisch aus der Marinade nehmen und trockentupfen. Die Marinade durch ein Sieb in ein Gefäß abgießen, das Sup-

Für 4 Portionen

Tip

Reichen Sie als Beilage Semmelknödel, Rotkraut und Preiselbeeren.

Traditionell wird die Sauce des Hasenpfeffers mit Hasenblut aufgegossen und gebunden. Da das nicht jedermanns Sache ist, haben wir eine zeitgemäßere Variante beschrieben.

pengemüse beiseite stellen, die Kräuter und Gewürze wegwerfen.

3 Das Öl in einem flachen Topf erhitzen und das Fleisch darin scharf anbraten. Das Suppengemüse dazugeben und einige Minuten mitrösten. Mit der Marinade angießen, alles bei kleiner Hitze langsam weich schmoren.

4 Das Fleisch aus dem Topf nehmen und warm stellen. Die Sauce durch ein Haarsieb streichen, sämig einkochen lassen und mit Salz, Pfeffer und Preiselbeeren abschmecken. Nach Geschmack etwas Sauerrahm unter die Sauce rühren. Das Fleisch wieder in die Sauce geben und das Gericht in einer Ragoutschüssel oder portionsweise anrichten.

Hasenrücken im Blätterteig

Für 4 Portionen

- 100 g Champignons, 100 g Zwiebel
- 1 Bund Petersilie, 40 g Butter
- 80 g Gänseleber
- 4 Hasenrückenfilets
- etwas Salz und Pfeffer aus der Mühle
- 2 EL Keimöl
- 120 g Blätterteig (TK, aufgetaut)
- 2 Eigelb, 4 g Ingwer
- 1 kleine Schalotte
- je 1/8 l Weißwein, Hühnerfond und Obers
- 1 TL Crème fraîche

Tip

Servieren Sie als Beilage frische Waldpilze. Besonders gut passen Steinpilze, aber auch Maronenröhrlinge, die im Herbst Saison haben, sind geeignet.

1 Die Champignons putzen und fein würfeln. 1 Teelöffel für die Sauce beiseite legen. Die Zwiebel schälen und fein hacken. Die Petersilie waschen, trockenschütteln und fein hacken. 20 g Butter erhitzen, die Champignons, Zwiebel und Petersilie darin anrösten und beiseite stellen. Den Backofen auf 200 °C vorheizen.

2 Die Gänseleber in Stäbchen schneiden und in die aufgeschnittenen Hasenrücken schieben. Die Hasenrücken salzen und pfeffern und im heißen Öl scharf anbraten.

3 Den Blätterteig 1/2 cm dick ausrollen und in 4 gleiche Stücke teilen. Die Blätterteigstücke mit der Champignonmasse bestreichen, die Hasenfilets darauf setzen und mit dem Blätterteig einrollen. Mit Eigelb bestreichen und im Ofen 20 Minuten backen.

4 Für die Sauce Ingwer und Schalotte schälen und sehr fein hacken. Beides mit den restlichen Champignons in der restlichen Butter anbraten. Nacheinander mit Weißwein, Hühnerfond und Obers angießen und einkochen, bis die Sauce sahnig wird. Zuletzt mit Salz und Pfeffer abschmecken und mit der Crème fraîche aufmixen. Die Hasenrücken auf einem Saucenspiegel anrichten.

(Foto rechts)

Gefülltes Ganserl

Für 8 Portionen

Tips

Erdäpfelknödel und Speckkrautsalat sind die klassischen Beilagen zu diesem repräsentativen Braten, der nach alpenländischem Brauch zu Kirchweih, zu Martini und zu Weihnachten auf den Tisch kommt.

Wenn Sie das Ganserl gern weniger deftig mögen, füllen Sie es mit säuerlichen Äpfeln, vorgegarten Maronen und einigen Zweigen Beifuß – sehr delikat!

- 1 Zwiebel, fein geschnitten
- 2 Bund Petersilie
- 300 g Butter
- 6 Eier
- 1 kg Knödelbrot
- etwas abgeriebene Muskatnuß
- etwas Salz und weißer Pfeffer aus der Mühle
- 1 Gans von ca. 3,5 kg
- 2 TL getrockneter Majoran

1 Die Zwiebel schälen und fein würfeln. Die Petersilie waschen, trockenschütteln und fein hacken. 20 g Butter erhitzen und die Zwiebel darin glasig schwitzen. Die Petersilie dazugeben und kurz mitrösten, dann vom Feuer nehmen und beiseite stellen.

2 Die Eier trennen. Die restliche Butter mit den Eigelben schaumig rühren und gut mit dem Knödelbrot vermischen. Die Zwiebel- und Petersilienmasse dazu mischen. Das Eiweiß zu festem Schnee schlagen und langsam unter das Knödelbrot heben, alles mit Muskat, Salz und Pfeffer würzen. Den Backofen auf 180 °C vorheizen.

3 Das Ganserl sauber waschen, außen mit Salz, Pfeffer und Majoran gut würzen, innen nur leicht salzen. Die Fülle in das Ganserl geben, die Bauchöffnung mit Zahnstochern zustecken. Die Haut mit einer spitzen Gabel mehrfach einstechen, ohne ins Fleisch zu stechen. Das Ganserl in eine ausreichend große Bratpfanne geben und im Ofen etwa 2,5 bis 3 Stunden garen. Nach 1 Stunde das ausgebratene Fett abgießen und etwas heißes Wasser angießen. Während der restlichen Garzeit das Ganserl jede Viertelstunde mit dem Bratensaft begießen. Bei Bedarf kochendes Wasser nachgießen.

4 Am Ende der Garzeit das Ganserl aus der Pfanne nehmen und noch einige Minuten in den ausgeschalteten Ofen stellen. Inzwischen den Bratfond mit etwas kochendem Wasser loskochen, den Bratensaft abseihen und abschmecken. Das Ganserl aufschneiden, auf einer vorgewärmten Platte anrichten und mit etwas Bratensaft übergießen. Die Füllung und den übrigen Bratensaft getrennt reichen.

Ente auf unsere Art

- 1 ganze Ente
- 1 Apfel
- 1 Zwiebel
- 1 Bund Petersilie
- Salz und Pfeffer aus der Mühle
- 1 TL getrockneter Majoran
- $^1/_2$ TL Kümmel, gemahlen
- 1 EL Butterschmalz

1 Die Ente gut waschen und abtrocknen. Den Apfel waschen, vierteln und das Kernhaus ausschneiden. Die Zwiebel schälen. Apfel, Zwiebel und Petersilie grob schneiden und mit Salz, Pfeffer, Majoran und Kümmel würzen. Den Backofen auf 80 °C vorheizen.

2 Alles in die Ente füllen und zubinden. Die Ente außen mit Salz und Pfeffer gut würzen und in Butterschmalz von allen Seiten gut anbraten. Im warmen Ofen pro Kilogramm 1 Stunde und 30 Minuten garen.

Für 4 Portionen

Tip

Beim Garen mit niedrigen Temperaturen wird nicht nur Geflügel, sondern werden auch alle anderen Fleischsorten wunderbar zart.

Rehbeuscherl in Rahmsauce

- 2 Rehbeuscherl und -herzen
- $^1/_2$ kg Wurzelgemüse, 1 Lorbeerblatt
- 10 Pfefferkörner, 3 Gewürznelken
- 1 Zwiebel
- 2 Essiggurkerl, 2 Sardellen
- 30 g Butter, 2 EL Mehl
- $^1/_4$ l Milch, $^1/_8$ l Weißwein
- $^1/_4$ l Obers
- abgeriebene Schale von 1 Zitrone
- 1 EL Kapern, etwas Salz und Pfeffer
- 2 EL feingehackte Kräuter (z. B. Petersilie und Rosmarin)

1 Die Rehlungen und -herzen mit dem Wurzelgemüse, dem Lorbeerblatt, den Pfefferkörnern und den Gewürznelken weich kochen, abkühlen lassen und in dünne Streifen schneiden. Die Zwiebel schälen und fein würfeln. Die Gurkerl und Sardellen fein hacken.

2 Die Butter erhitzen und die Zwiebel darin glasig dünsten. Mit dem Mehl stäuben und eine goldgelbe Einbrenn bereiten. Diese mit dem Beuschelfond, der Milch, dem Weißwein und dem Obers aufgießen und alles etwa $^1/_2$ Stunde einkochen lassen.

3 Die Sauce mit Zitronenschale, Kapern, feingehackten Gurkerln und Sardellen, Salz und Pfeffer würzen. Das Beuscherl in der Sauce anwärmen und alles mit den gehackten Kräutern vermischen.

Für 4 Portionen

Tip

Mit Semmelknödeln serviert, ist das Rehbeuscherl ein deftiges, wohlschmeckendes Gericht.

Perlhuhn mit Artischocken

Für 4 Portionen

Tips

Bei großen Artischocken sind im Grunde nur die Böden verwendbar. Achten Sie darauf, das Heu vollständig zu entfernen.

Artischocken sind hierzulande nicht ganz billig. Wenn Sie mehr von diesen Distelpflanzen haben wollen – Artischocken sind eine hervorragende Vorspeise. Man kocht sie und serviert sie mit Mayonnaise. Zum Genuß zupft man die Blätter einzeln ab, taucht sie in die Mayonnaise und zieht das Fleisch mit den Schneidezähnen ab.

- 100 g Geflügelfleisch
- 1/2 l Obers
- etwas Salz und Pfeffer aus der Mühle
- 4 Perlhuhnbrüste
- 1 Schweinsnetz
- 70 g Butter
- 2 Schalotten
- 5 Champignons
- 100 g Gänseleber
- 1/2 l Geflügelfond (aus dem Glas)
- 4 Artischocken

1 Das Geflügelfleisch durch den Fleischwolf drehen, mit 1/4 l Obers vermischen und im Tiefkühlfach anfrieren. Dann im Mixer mit Salz und Pfeffer pürieren. Den Backofen auf 200 °C vorheizen.

2 Die Perlhuhnbrüste auslösen. Die Farce auf die Hühnerbrüste streichen und alles in Schweinsnetz einrollen. 20 g Butter in einer ofenfesten Pfanne erhitzen, die Perlhuhnbrüste kurz anbraten und im Rohr bei 200 °C in etwa 8 Minuten fertigbraten.

3 Für die Gänselebercreme die Schalotten schälen und fein würfeln. Die Champignons putzen, waschen und nicht zu fein hacken. 20 g Butter erhitzen und die Schalotten und die Champignons darin anbraten. Mit dem Geflügelfond ablöschen und das Ganze auf die Hälfte einkochen. Mit dem restlichen Obers auffüllen und wieder einkochen lassen.

4 Inzwischen die Gänseleber in der Moulinette pürieren. Das Leberpüree in die Sauce geben, alles kurz aufkochen lassen und durch ein Sieb passieren. Mit Salz und Pfeffer würzig abschmecken.

5 Die Artischocken vom Stiel und den harten Blättern befreien, in feine Scheiben schneiden, salzen und pfeffern. Die restliche Butter zerlassen und die Artischockenscheiben darin bei mäßiger Hitze weichdünsten.

6 Die Artischockenscheiben auf vorgewärmten Tellern anrichten, die Gänselebercreme darauf verteilen und die gebratenen Perlhuhnbrüste darauf setzen.

(Foto rechts)

Gefüllte Wachteln

Für 4 Portionen

Tip

Anstelle der Wachtelspiegeleier können Sie als Beilage auch Kroketten reichen.

- 50 g Butter
- 150 g Geflügelleber
- 1/4 Zwiebel
- 1 Semmel
- 100 g Kalbsbries
- etwas Salz
- 1 kleiner Apfel
- 100 g Geflügelfleisch
- 2 Eier
- etwas geriebene Muskatnuß
- 4 küchenfertige Wachteln
- 1/8 l Weißwein
- 1 EL Obers
- etwas weißer Pfeffer aus der Mühle
- 2 Scheiben Weißbrot
- 4 rohe Wachteleier

1 20 g Butter erhitzen. Die Geflügelleber kurz anbraten und in Würfel schneiden. Die Zwiebel würfeln und in der heißen Butter andünsten. Die Semmel in Wasser einweichen und ausdrücken. Das Kalbsbries würfeln und in kochendem Salzwasser blanchieren. Den Apfel vierteln, entkernen und in Würfel schneiden.

2 Die Geflügelleber und das Geflügelfleisch, die angedünstete und abgekühlte Zwiebel und die eingeweichte Semmel durch die feine Scheibe des Fleischwolfs drehen. Die Kalbsbriesstückchen, die Apfelwürfel und die Eier hinzugeben und alles gut vermengen. Die Masse mit Salz und Muskat gut abschmecken. Den Backofen auf 200 °C vorheizen.

3 Die Wachteln vom Rücken her auslösen, Flügel und Keulenknochen aber nicht entfernen. Die Fleischmasse in die Wachteln füllen. Die Öffnungen gut vernähen oder mit Zahnstochern zustecken, damit die Vögel ihre Form behalten.

4 Die gefüllten Wachteln samt den Knochen in ein flaches Geschirr geben. Auf dem Rücken liegend etwa 20 Minuten braten, herausnehmen und warm stellen. Den Bratensaft mit dem Weißwein ablöschen, das Obers hinzufügen, mit Salz und Pfeffer abschmecken und die Sauce durch ein Sieb passieren.

5 Etwa 10 g Butter erhitzen. Aus dem Weißbrot runde Scheiben ausstechen und in der Butter anbraten. Die restliche Butter erhitzen, die Wachteleier aufschlagen und als Spiegeleier zubereiten.

6 Die Wachteln anrichten und mit der Sauce übergießen. Die Wachtelspiegeleier auf die Weißbrotscheiben setzen und zu den Wachteln legen.

Gefüllte Hühnerbrust

- 600 g gemischte Pilze nach Saison
- 80 g Butter
- 0,2 l Obers
- etwas Salz und Pfeffer aus der Mühle
- 4 Hühnerbrüste von Hühnern aus Freilandhaltung
- 500 g Mehl
- 5 Eigelb
- 1 Ei
- 1 Bund Basilikum

1 Die Pilze putzen, waschen und hacken. Etwa 20 g Butter in einer Pfanne erhitzen und die Pilze darin anschwitzen. Die Pilze mit dem Obers angießen und das Ganze zu einem Brei verkochen. Die Pilzmasse erkalten lassen und mit Salz und Pfeffer abschmecken.

2 In die Hühnerbrüste von der dicken Seite mit einem spitzen Messer eine Tasche schneiden und die Masse einfüllen.

3 Die Hühnerbrüste salzen und pfeffern. Den Backofen auf 180 °C vorheizen. 20 g Butter in einer ofenfesten Pfanne erhitzen und die Hühnerbrüste darin auf der Hautseite scharf anbraten, dann im heißen Ofen in etwa 6 Minuten fertiggaren. Das Fleisch im ausgeschalteten Backofen weitere 5 Minuten ziehen lassen.

4 Das Mehl, die Eigelbe und das Ei salzen und zu einem festen Teig verarbeiten. Den Teig ausrollen und Nudeln daraus schneiden oder durch die Nudelmaschine drehen. Reichlich Salzwasser erhitzen und die Nudeln darin bißfest garen.

5 Inzwischen das Basilikum waschen, trockenschütteln und in Streifen schneiden. Die restliche Butter zergehen lassen, das Basilikum dazugeben und das Ganze unter die Nudeln mischen. Bei Bedarf etwas nachsalzen. Die gefüllten Hühnerbrüste mit den Basilikumnudeln auf vorgewärmten Tellern anrichten.

Für 4 Portionen

Tip

Hühner aus Freilandhaltung weisen ein kernigeres, wohlschmeckenderes Fleisch auf. Auch aus Gründen des Tierschutzes sollten Sie auf erstklassiger Qualität bestehen.

Süßspeisen

empfohlen von

Wie oft ist es Anna nun schon passiert, daß auf geheimnisvolle Art und Weise plötzlich die Hälfte der frischen Topfenknödel aus der Küche verschwunden war. Franzl kann eigentlich nichts dafür, denn wenn er etwas Süßes sieht, dann geht die Lust einfach mit ihm durch. Schuld ist nur Anna, weil sie so gut kocht, findet Franzl, und diese kann ihm dann auch nicht wirklich böse sein.

Süße Verführung

Was wäre Österreich ohne seine Nachspeisen? Undenkbar! Kaiserschmarrn und Palatschinken, Topfenknödel und Powidltascherln, Aufläufe, Kochs, Torten und Kuchen etc., etc. Es gibt wohl kaum ein Land, das eine derart große Süßspeisentradition pflegt wie Österreich. Vor allem die warme Mehlspeise erfreut sich hier größter Beliebtheit.

Natürlich mögen jetzt kritische Geister anmerken, daß ein Großteil der angeblich typisch österreichischen Mehlspeisen eigentlich aus Ländern stammt, die einstmals Teil der Donaumonarchie waren und nun längst nicht mehr zu Österreich gehören. Aber man muß nicht Monarchist sein, um die hohe Kunst der Süßspeisen als Andenken an vergangene Zeiten weiterzuführen, sondern einfach nur Feinschmecker.

Rotweinbirne auf Karamelschaum

Für 6 Portionen

Tip

Vorsicht beim Kochen von Zucker! Der Karamel darf nicht zu dunkel werden und keinesfalls anfangen zu rauchen. Auch kann der heiße Zucker beim Ablöschen spritzen und böse Verbrennungen verursachen.

Schokolade können Sie auch auf kleiner Stufe in der Mikrowelle schmelzen.

- 6 ganze Birnen
- 1/2 l Rotwein
- 2 Zitronenscheiben
- 2 Zimtrinden
- 5 Gewürznelken
- 600 g Kristallzucker
- 1 Beutel Glühweingewürz
- 1 Ei
- 4 Eigelb
- 1 TL Vanillezucker
- 80 g Schokolade
- 2 Blatt Gelatine
- 1/4 l Obers
- 1 TL Rum
- 100 g Butter
- 1/4 l Milch
- 3 EL geschlagenes Obers
- etwas Joghurt
- 6 Pfefferminzblätter
- 6 Weintrauben, 6 Erdbeeren

1 Die Birnen schälen, halbieren und mit einem kleinen Löffel entkernen. Den Rotwein erhitzen, aber nicht kochen lassen. Die Zitronenscheiben, Zimtrinden, Nelken und 100 g Zucker dazugeben. Das Glühweingewürz in den Wein hängen und das Ganze 15 Minuten ziehen lassen. Den Glühwein durch ein Sieb abgießen, die Gewürze wegwerfen.

2 Den Glühwein aufkochen, die Birnen darin nicht zu weich kochen, abkühlen und etwa 24 Stunden im Wein ziehen lassen.

3 Für die Schokoladenmousse das Ei mit 2 Eigelben, dem Vanillezucker und 250 g Zucker im Wasserbad flaumig aufschlagen und kaltrühren, bis die Masse schön schaumig ist. Die Schokolade im Wasserbad schmelzen und dazugeben.

4 Die Gelatine in reichlich kaltem Wasser einweichen und ausdrücken, unter Rühren erwärmen, bis sie sich vollständig gelöst hat – keinesfalls kochen lassen –, durch ein Sieb in die Schokoladenmasse fließen lassen und gut verrühren. Das Obers steif schlagen und mit dem Rum unter die Schokoladenmasse ziehen. Die Mousse etwa 2 Stunden sehr kühl stellen.

5 Für den Karamelschaum die Butter erhitzen und den restlichen Zucker darin karamelisieren lassen. Den Karamel mit der Milch aufgießen und die Masse unter Rühren etwa 1/2 Stunde einkochen lassen.

6 Die Masse mit einem Stabmixer aufmixen und die restlichen Eigelbe nach und nach dazugeben. Die Karamelmasse kalt stellen und das Obers unterheben.

7 Den Karamelschaum auf den Teller geben und mit etwas glattgerührtem Joghurt verzieren. Die Birnen in die Mitte setzen, mit dem Schokoladenmus füllen und nach Belieben garnieren.

(Foto Seiten 108–109)

Apfelpfannkuchen

- $^3/_4$ l Milch
- 150 g Mehl
- 1 Ei
- 9 Eigelb
- 200 g Zucker
- 70 g Butter
- etwas Zitronensaft
- 3 Äpfel
- 100 g Marzipan-Rohmasse
- 2 Vanilleschoten
- frische Erdbeeren zum Garnieren

1 Von der Milch $^1/_4$ l abnehmen und mit dem Mehl, dem Ei, 2 Eigelben und 25 g Zucker zu einem glatten Teig verrühren. 50 g Butter schmelzen und zusammen mit dem Zitronensaft unter den Teig rühren. Die Äpfel vierteln, das Kernhaus ausschneiden und das Fruchtfleisch in gleich große Scheiben schneiden. Den Backofen auf 180 °C vorheizen.

2 In einer ofenfesten Pfanne die restliche Butter erhitzen und die Hälfte des Teigs hineingeben. Die Apfelscheiben darauf legen, kurz anbacken und den restlichen Teig darauf gießen. Die Pfanne vom Feuer nehmen und den Pfannkuchen im Ofen in etwa 10 Minuten fertig backen.

3 Inzwischen in einer anderen Pfanne 75 g Zucker schmelzen, leicht karamelisieren lassen und den Pfannkuchen darin wenden.

4 Für die Mandelsauce das Marzipan zerkrümeln. Die Vanilleschoten aufschneiden und das Mark mit einem spitzen Messer auskratzen. Die restliche Milch mit dem Marzipan, dem Vanillemark und den Vanilleschoten aufkochen. Die restlichen Eigelbe mit dem restlichen Zucker schaumig schlagen. Die Masse in die heiße Milch einrühren und unter Rühren bis zur »Rose« abziehen. Die Sauce durchpassieren und auskühlen lassen.

5 Den Apfelpfannkuchen in Portionsstücke schneiden, auf einem Saucenspiegel anrichten und nach Belieben mit Erdbeeren oder anderen frischen Früchten garnieren.

Für 8 Portionen

Tip

Saucen auf Eigelbbasis dürfen nicht gekocht werden. Man »zieht sie bis zur Rose ab«. Bei diesem Vorgang wird die Creme oder Sauce unter Rühren vorsichtig erhitzt, bis Sie beim Rühren merken, daß sie andickt. Machen Sie nun die Garprobe, indem Sie einen Kochlöffel in die Flüssigkeit tauchen. Diese muß den Löffel vollständig überziehen. Wenn Sie darauf pusten, bilden sich Kringel, die an eine Blüte erinnern. Sobald diese Erscheinung auftritt, ist die Creme fertig und wird zum Abkühlen vom Feuer genommen.

Polenta-Himbeerstrudel

Für 10 Portionen

Tips

Strudelteig läßt sich sehr gut einfrieren und kann nach dem Auftauen wie frischer Teig verarbeitet werden.

Für eine kleinere Runde verwenden Sie nur die Hälfte des Strudelteigs und tragen die Fülle entsprechend dicker auf. Der Strudel schmeckt dadurch noch besser. Verwenden Sie den restlichen Teig am Folgetag für einen Gemüsestrudel.

- 250 g Mehl
- 3 Eier
- etwas Salz
- 3 EL Öl
- 1/2 l Milch
- 120 g Butter
- 150 g Polentagrieß
- abgeriebene Schale und Saft von 1 unbehandelten Zitrone
- 1/4 l Schlagobers
- 100 g dunkle Couvertüre
- 1 EL Rum
- 250 g gewaschene Himbeeren
- 2 EL zerlassene Butter zum Bestreichen
- 2 TL Puderzucker
- etwas Schokoladensauce
- etwas Vanillesauce
- frische Beeren zum Garnieren

1 Für den Strudelteig das Mehl auf ein Backbrett häufen. Eine Mulde hineindrücken, das Ei, 1 Prise Salz und 2 Eßlöffel Öl hineingeben. Das Ganze mit einer Gabel durcharbeiten und dabei löffelweise 1/8 l lauwarmes Wasser einarbeiten. Mit den Händen zu einem elastischen Teig zusammenkneten. Der Strudelteig ist richtig, wenn eine Druckstelle wieder verschwindet. Den Teig zu 2 Kugeln formen, mit dem restlichen Öl bestreichen und etwa 1/2 Stunde zugedeckt rasten lassen.

2 Für die Polentafüllung die Milch mit der Butter aufkochen. Den Polentagrieß unter Rühren einrieseln lassen und weiterrühren, bis die Masse zu einem dicken Brei abbindet. Die Polenta kurz abkühlen lassen, dann die restlichen Eier sowie Zitronensaft und -schale hinzufügen und gut unterrühren.

3 Für die Trüffelcreme das Obers aufkochen, vom Herd nehmen und die feingeschnittene dunkle Couvertüre einrühren sowie etwas Rum dazugeben. Den Backofen auf 180 °C vorheizen.

4 Eine Kugel Strudelteig mit den Händen etwa tellergroß auswellen und auf ein bemehltes Tuch legen. Nun den Teig vorsichtig in die gewünschte Größe hauchdünn ausziehen.

5 Die Hälfte der vorbereiteten Füllung dünn auf zwei Drittel der Teigplatte aufstreichen, mit der Hälfte der Himbeeren bestreuen, einrollen und auf ein gefettetes Backblech setzen. Aus der zweiten Teigkugel und der übrigen Fülle einen zweiten Strudel herstellen. Die Strudel gut mit Butter bestreichen und im Backrohr 20 bis 25 Minuten backen.

6 Die fertigen Strudel etwas abkühlen lassen und mit Puderzucker bestäuben. Die Trüffelcreme auf Teller verteilen. Den Saucenspiegel jeweils mit einem dünnen Rand von Schokoladen- und Vanillesauce einrahmen. Den Strudel portionsweise auf der Creme anrichten und das Ganze mit einigen frischen Beeren garnieren.

(Foto rechts)

Topfensoufflé

Für 6 Portionen

Tips

Richten Sie das Soufflé auf frischen Erdbeeren an.

Die Souffléform immer nur zu zwei Dritteln füllen.

- 3 Eier
- 350 g Staubzucker
- 220 g Topfen
- 300 g Kristallzucker
- etwas Butter und Zucker für die Form

1 Die Eier trennen. Die Eigelbe mit dem Staubzucker schaumig rühren und den Topfen unter die Schaummasse rühren. Die Eiweiß mit dem Kristallzucker zu festem Schnee schlagen und diesen unter die Topfenmasse heben. Den Backofen auf 170 °C vorheizen.

2 Eine Souffléform leicht anwärmen und etwas Butter darin schmelzen lassen. Die Form innen vollständig mit der Butter einpinseln. Den Zucker in die Form geben und diese schwenken, so daß die Form innen von einer durchgehenden Zuckerkruste bedeckt ist. Die Topfenmasse in die Form füllen. Die Fettpfanne des Ofens mit kochendem Wasser füllen, die Souffléform hineinsetzen und das Soufflé etwa 25 Minuten backen. Sofort auf vorgewärmten Tellern servieren.

Ribisel-Soufflé-Torte

Für 12 Stücke

Tip

Biskuit-Tortenböden muß man nicht selbst backen. Es gibt sie in ordentlicher Qualität zu kaufen. Wenn Sie es sich aber nicht nehmen lassen, den Boden selbst zu backen, beachten Sie, daß die Rezepte vielfach auf einen dicken oder 2 dünne Böden ausgelegt sind.

- 300 g Ribiseln
- 1 Biskuit-Tortenboden (Fertigprodukt)
- 3/8 l Milch
- 1/4 l Schlagobers
- 80 g Staubzucker
- 3 Packungen Vanillepuddingpulver
- 2 Eiweiß
- 40 g Kristallzucker

1 Die Ribiseln waschen und abzupfen. Einen dünnen Biskuitboden in eine Springform geben und mit den Ribiseln auslegen. Einen dicken Boden gegebenenfalls einmal quer teilen und eine Hälfte anderweitig verwenden.

2 Die Milch mit dem Obers und dem Zucker aufkochen. 2 Päckchen Puddingpulver mit etwas Wasser anrühren, zur Milch gießen und kurz aufkochen lassen. Die Puddingmasse vom Feuer nehmen und abkühlen lassen. Dabei immer wieder mit dem Schneebesen umrühren. Den Backofen auf 180 °C vorheizen.

3 Die Eiweiß mit dem Kristallzucker zu steifem Schnee schlagen. Vom restlichen Päckchen Puddingpulver 20 g abnehmen und unter den Eischnee ziehen. Den Eischnee vorsichtig unter die Puddingmasse heben. Das Ganze in die Springform füllen und im Ofen etwa 50 Minuten backen.

Polsterzipfl auf Glühweinschaum

- 250 g getrocknete Früchte
- $^1/_2$ l Rotwein
- 2 cl Obstler
- 100 g Sauerrahm
- $^1/_{16}$ l Obers
- 1 Ei
- 1 cl Rum
- 40 g Staubzucker
- 1 Prise Salz
- 250 g Mehl
- 1 Ei zum Bestreichen
- Fett zum Ausbacken
- $^1/_4$ l Weißwein
- $^1/_2$ TL Zimt
- $^1/_2$ TL Nelkenpulver
- 2 Eigelb

1 Die Trockenfrüchte klein schneiden. Den Wein aufkochen, die Trockenfrüchte hineingeben und kochen, bis die Flüssigkeit vollständig verkocht ist. Das Ganze mit Obstler übergießen und zur Seite stellen.

2 Für den Teig den Sauerrahm mit dem Obers, dem Ei, dem Rum, 10 g Staubzucker, dem Salz und dem Mehl in einer Schüssel verrühren. Den Teig in 2 Portionen teilen. Jede Portion ausrollen und in 10 x 10 cm große Stücke schneiden. Jedes Teigstück mit etwas Fruchtmasse füllen und diagonal zusammenklappen. Die Teigränder mit dem Finger zusammendrücken und mit einem Teigrad nachschneiden. Das Ei mit einer Gabel leicht verschlagen und die Polsterzipfl damit bestreichen

3 Das Ausbackfett auf etwa 180 °C erhitzen und die Polsterzipfl im heißen Fett schwimmend ausbacken. Dabei gelegentlich im Fett wenden und darauf achten, daß beide Seiten gleichmäßig gebräunt werden. Die fertigen Polsterzipfl auf mehreren Schichten Küchenkrepp abtropfen lassen.

4 Für den Glühweinschaum den Weißwein mit dem restlichen Staubzucker, dem Zimt und den Nelken sowie den Eigelben im Wasserbad aufschlagen. Den Glühweinschaum auf Teller verteilen und die Polsterzipfl darauf anrichten.

Für 8 Portionen

Tip

Um sich und Ihre Lieben mit Köstlichkeiten aus dem schwimmenden Fett zu verwöhnen, brauchen Sie nicht unbedingt eine Friteuse. Es geht auch mit einem hohen Topf, in dem Sie das Fett auf dem Herd erhitzen. Ein Fettthermometer sollten Sie sich allerdings leisten.

Topfenknödel mit Zwetschkenröster

Für 4 Portionen

Tip

Geben Sie einige geriebene Haselnüsse unter die Butterbrösel.

- 60 g Butter
- 110 g Zucker
- 1 Ei
- 50 g Weißbrot (ohne Rinde)
- 250 g Topfen
- 30 g Mehl
- 1 TL Salz
- 5 EL Semmelbrösel
- 1 EL brauner Zucker
- 300 g Zwetschken, entkernt
- 1EL Rum
- 1 Pck. Vanillezucker
- 1/2 TL Nelkenpulver
- 1/2 TL Zimtpulver
- 1 EL gehackte Pistazien
- etwas Zitronenmelisse

1 Die Hälfte der Butter mit 50 g Zucker und dem Ei mit dem Mixer schaumig schlagen. Das Weißbrot in der Moulinette fein zerkleinern. Den Topfen in ein Küchentuch geben und fest auspressen. Der Topfen soll so trocken wie möglich sein.

2 Die Schaummasse mit dem Topfen, dem Weißbrot und dem Mehl gut vermischen und etwa 2 Stunden rasten lassen. Mit 2 Löffeln Knödel ausformen. In reichlich Salzwasser mit 10 g Zucker etwa 15 Minuten ganz leicht ziehen lassen. Sobald die Topfenknödel an der Oberfläche schwimmen, sind sie gar.

3 Die fertigen Topfenknödel herausnehmen. Die restliche Butter in einer Pfanne erhitzen, die Semmelbrösel dazugeben und unter Rühren bräunen. Abseits vom Feuer den braunen Zucker dazumischen. Die Topfenknödel in den Zuckerbröseln wälzen.

4 Für den Zwetschkenröster die Zwetschken in vier Stücke schneiden. Den restlichen Zucker in einer Pfanne schmelzen lassen. Die Zwetschken dazugeben und das Ganze rösten, bis der Zucker leicht karamelisiert ist. Etwas Wasser und den Rum angießen und den Vanillezucker, Nelken und Zimt untermischen. Das Ganze noch etwa 5 bis 10 Minuten dünsten lassen.

5 Die Topfenknödel mit dem Zwetschkenröster auf Tellern anrichten und mit etwas gehackten Pistazien sowie ein paar Blättchen Zitronenmelisse garnieren.

(Foto rechts)

Kaiserschmarrn

Für 4 Portionen

Tip

Auch zum Kaiserschmarrn schmeckt der auf Seite 118 beschriebene Zwetschkenröster ganz ausgezeichnet.

- 70 g Rosinen
- 1 EL Rum
- 4 Eier
- 1/4 l Milch
- 1 Prise Salz
- 1 Pck. Vanillezucker
- 70 g Zucker
- 120 g Mehl
- 50 g Butter

1 Die Rosinen mit dem Rum beträufeln. Die Eier trennen. Die Eigelbe mit der Milch, dem Salz, dem Vanillezucker und 20 g Zucker verquirlen. Das Mehl dazugeben und das Ganze zu einem glatten, dünnflüssigen Teig verrühren. Das Eiweiß mit 20 g Zucker zu Schnee schlagen und unter den Teig heben. Den Backofen auf 200 °C vorheizen.

2 Die Butter in einer großen, ofenfesten Pfanne erhitzen. Den Teig in die heiße Butter geben, kurz anbacken, mit den Rosinen bestreuen und alles für etwa 8 Minuten ins vorgeheizte Rohr geben. Den Schmarrn in der Pfanne mit 2 Gabeln in mundgerechte Stücke zerpflücken, auf einer Platte anrichten und mit dem restlichen Zucker bestreuen.

Weintraubenstrudel

Für 8 Portionen

Tip

Diesen Strudel können Sie auch mit Marillen anstelle der Weintrauben zubereiten.

- 1 Rezept Strudelteig (siehe S. 114)
- 5 Eier
- 50 g Puderzucker
- 1/2 TL Zimt
- abgeriebene Schale von 1 unbehandelten Zitrone
- 1Prise Salz, 1 Pck. Vanillezucker
- 50 g Kristallzucker
- 50 g Mehl
- 50 g geriebene Haselnüsse
- 500 g Weintrauben ohne Kerne
- 1 EL zerlassene Butter

1 Strudelteig herstellen, wie auf Seite 114 beschrieben.

2 Für die Fülle die Eier trennen. Die Eigelbe mit dem Puderzucker schaumig rühren. Den Zimt, die Zitronenschale, das Salz und den Vanillezucker in die Schaummasse rühren. Das Eiweiß mit dem Kristallzucker zu Schnee schlagen und unter die Schaummasse ziehen. Das Mehl und die Haselnüsse unterziehen. Den Backofen auf 180 °C vorheizen.

3 Den Strudelteig ausziehen. Die Fülle auf den Teig streichen und mit den Weintrauben bestreuen. Den Strudel einrollen, mit Butter bestreichen und etwa 30 Minuten backen.

Salzburger Nockerl

- 10 g Butter
- 4 EL Zucker
- 0,1 l Obers
- 2 EL Preiselbeeren
- 4 Eier
- 4 Eiweiß
- Saft von 1/2 Zitrone
- 1 Pck. Vanillezucker
- 30 g Mehl
- 2 EL Staubzucker

1 Eine flache, ofenfeste Form mit Butter ausstreichen und mit 1 Eßlöffel Zucker ausstreuen. Das Obers steif schlagen und auf den Boden der Form geben. Die Preiselbeeren darüber verteilen. Den Backofen auf 180 °C vorheizen.

2 Die Eier trennen. Das Eiweiß mit dem restlichen Zucker, dem Zitronensaft und dem Vanillezucker zu Schnee schlagen. Die Eigelbe verquirlen und mit 4 Eßlöffeln Eischnee locker vermischen, dann mit dem restlichen Eischnee vermischen. Das Mehl unterheben.

3 Die Eischneemasse in die Form geben und 4 große Nockerl ausformen. Das Ganze im Ofen etwa 10 Minuten backen. Mit dem Staubzucker bestäuben.

Für 4 Portionen

Tip

Während des Backens die Ofentür nicht öffnen, sonst fallen die Nockerl zusammen. Nach dem Backen sofort servieren. Ihre Gäste können auf die Salzburger Nockerl warten, aber die Nockerl nie auf Ihre Gäste.

Kirschencharlotte

- 1/2 kg Kirschen
- 2 EL Staubzucker
- 7 Blatt Gelatine
- 1/4 l Milch
- 4 Eigelb
- abgeriebene Schale von 1 unbehandelten Zitrone
- 100 g Kristallzucker
- 1/4 l Schlagobers
- 12 Biskotten
- frische Früchte und etwas geschlagenes Obers zum Garnieren

1 Die Kirschen waschen, entkernen und mit dem Staubzucker fein pürieren. Die Gelatine in kaltem Wasser vorquellen lassen.

2 Die Milch mit den Eigelben, der abgeriebenen Zitronenschale und dem Kristallzucker unter ständigem Rühren erhitzen, bis die Creme andickt, aber keinesfalls zum Kochen bringen.

3 Die eingeweichte Gelantine gut ausdrücken, zur Creme geben und mit dem Schneebesen rühren, bis sie sich vollständig aufgelöst hat. Das Ganze dann durch ein feines Sieb seihen und erkalten lassen.

4 Bevor die Gelatine geliert, das Obers steif schlagen und zusammen mit dem Kirschenmark unter die Creme heben.

Für 6 Portionen

Tip

Erstarrte Gelatine verflüssigt sich unter Hitzeeinwirkung. Deshalb lassen sich in Formen gelierte Speisen wie Charlotten, Bayerische Cremes oder Sülzen aus der Form stürzen, wenn man diese kurz in heißes Wasser taucht.

5 Eine Charlottenform mit Biskotten auslegen. Die Creme in die Form füllen und das Ganze im Kühlschrank 4 bis 6 Stunden fest werden lassen.

6 Vor dem Servieren die Charlotte kurz in sehr heißes Wasser tauchen und auf eine Platte stürzen. Das Dessert mit frischen Früchten und Schlagobers servieren.

Weintrauben in Backteig

Für 4 Portionen

Tip

Ausbackfett in der Friteuse läßt sich bis zu 10mal wiederverwenden. Diese Faustregel ist aber abhängig von der Art der Gerichte, die im jeweiligen Fett gebacken werden. Für dieses feine Dessert sollten Sie frisches Fett verwenden, zumal Sie nur relativ wenig Fett brauchen.

- 1/2 kg Muskattrauben
- 100 g Marzipanrohmasse
- 4 EL Mehl
- 1/8 l Weißwein
- 2 Eier
- etwas Salz
- 100 g Nougat
- 1 EL Rum
- 5 EL Obers
- 2 TL Staubzucker

1 Die Trauben halbieren, entkernen und mit einem kleinen Stück Marzipan füllen, wieder zusammendrücken. 1 Eßlöffel Mehl in eine Schale geben und die Trauben darin wälzen. Die Friteuse auf 180 °C vorheizen.

2 Das restliche Mehl mit dem Weißwein, den Eiern und 1 Prise Salz zu einem Backteig verrühren. Die Weintrauben in den Backteig tauchen und in der Friteuse ausbacken, bis sie eine schöne goldbraune Farbe angenommen haben. Die Trauben mit einem Schaumlöffel herausnehmen, auf Küchenkrepp legen und abtropfen lassen.

3 Den Nougat mit dem Rum leicht schaumig rühren. Das Obers steif schlagen und darunter ziehen. Den Nougat auf Teller anrichten, die Trauben darauf legen und mit dem Staubzucker bestäuben.

(Foto rechts)

Tobleronemousse auf Cognacsauce

Für 8 Portionen

Tip

Einen italienischen Touch erhält dieses Rezept, wenn Sie zum Aromatisieren der Sauce anstelle des Cognacs Amaretto verwenden.

- 3 Blatt Gelatine
- 2 Eier
- 6 Eigelb
- 540 g Zucker
- 200 g weiße Schokolade
- 150 g Toblerone
- 1/2 l Obers
- 1/2 Vanilleschote
- 1/4 l Milch
- 10 g Speisestärke
- ca. 2 EL Obers zum Verdünnen
- etwas Cognac

1 Die Gelatine in reichlich kaltem Wasser einweichen. Die Eier mit 4 Eigelben und 500 g Zucker im Wasserbad warm schlagen. Die Gelatine mit den Händen gut ausdrücken, zur Eiermasse geben und mit dem Schneebesen rühren, bis sie sich vollständig gelöst hat. Die Rührschüssel in Eiswasser stellen und die Masse mit dem Schneebesen einige Minuten kaltrühren.

2 Die Toblerone mit der weißen Schokolade im Wasserbad schmelzen. Das Obers steif schlagen. Die zerlassene Schokolade und Toblerone in die Eimasse rühren und das geschlagene Obers unterheben. Die Mousse in Schüssel oder Form geben und kalt stellen.

3 Für die Sauce die Vanilleschote aufschlitzen und das Mark mit einem spitzen Messer auskratzen. Von der Milch 2 Eßlöffel abnehmen. Die restliche Milch mit der Vanilleschote und dem -mark aufkochen. Die Speisestärke, den restlichen Zucker und die restlichen Eigelbe mit der kalten Milch verrühren und unter ständigem Rühren in die kochende Milch geben. Das Ganze aufwallen und abkühlen lassen. Die Creme durch ein Sieb streichen, mit dem Obers verdünnen und mit dem Cognac abschmecken. Die Mousse auf der Sauce anrichten.

Zitronenkuchen mit Walderdbeeren

Für 8 Portionen

- 500g Crème fraîche
- 3 Eier
- 180 g Zucker
- Saft von 2 Zitronen
- abgeriebene Schale von 3 unbehandelten Zitronen
- 250 g Mehl
- 1 Prise Salz
- 125 g Butter
- 1 TL Milch
- 2 Eigelb
- Walderdbeeren
- 1/8 l Obers, 1 TL Vanillezucker

1 Für die Füllung die Crème fraîche in einer Schüssel mit den Eiern gut durchschlagen, dabei aber nicht schaumig rühren. 80 g Zucker, den Zitronensaft und die abgeriebene Zitronenschale darunterrühren. Diese Masse im Kühlschrank 2 Stunden ruhen lassen.

2 Für den Mürbteig das Mehl auf ein Backbrett häufen, das Salz und den restlichen Zucker untermischen. Die Butter in Flöckchen auf dem Mehl verteilen und mit einem großen Messer oder einer Kuchenpalette einhacken. Die Mischung zusammenschieben und mit der Milch und den Eigelben schnell von Hand verkneten. Den Teigballen in Folie verpacken und mindestens 25 Minuten kühl stellen. Da sich Mürbteig in kleinen Mengen nur schlecht herstellen läßt, ist die angegebene Menge für 2 Kuchen ausreichend.

3 Den Backofen auf 200 °C vorheizen. Eine Obstkuchenform von 25 bis 28 cm Durchmesser mit dem dünn ausgerollten Mürbeteig auslegen. Den Teigboden mit einer Gabel in kleinen Abständen einstechen und den Boden im Ofen in etwa 20 Minuten blind backen.

4 Den Kuchenboden etwas abkühlen lassen. Die Zitronencreme auf dem Mürbteig verteilen und bei 130 °C im Ofen 60 bis 70 Minuten eher stocken lassen als backen. Der Kuchen soll dabei keine Farbe annehmen. Den fertigen Kuchen aus dem Ofen nehmen und etwa 10 Minuten ruhen lassen.

5 Inzwischen die Walderdbeeren verlesen. Das Obers mit dem Vanillezucker halbsteif schlagen. Den Kuchen in Portionsstücke schneiden, noch lauwarm auf Tellern anrichten und mit den Walderdbeeren und dem Obers garnieren.

Tip

Mürbteig läßt sich gut einfrieren. Sie müssen den übrigen Teig also nicht kurzfristig verbrauchen. Wie wär's mit einem Erdbeerkuchen am nächsten Sonntag?

Rezeptverzeichnis

Küchenlexikon

Beuschel	Lunge
Einbrenn	Mehlschwitze
Erdäpfel	Kartoffeln
Faschiertes	Hackfleisch
Fisolen	Bohnen
Fleckerel	kleine, quadratische Stücke aus Nudelteig
Frittaten	ungesüßte Pfannkuchen als Suppeneinlage
Germ	Hefe
Gespritzter	Weißweinschorle
Grammeln	Grieben
Guglhupf	Hefe-Napfkuchen
Karfiol	Blumenkohl
Kletzen	getrocknete Birnen
Kohl	Wirsing
Kranawittbeeren	Wacholderbeeren
Kren	Meerrettich
Lungenbraten	Rindsfilet
Marillen	Aprikosen
Melanzani	Auberginen
Most	noch nicht vergorener Obstsaft (auch Apfelwein)
Obers	Schlagsahne
Obstler	Obstschnaps
Palatschinken	Pfannkuchen
Panadelsuppe	Rindsuppe mit Einlage aus Weißbrotschnitten
Paradeiser	Tomaten
Powidl	Pflaumenmus
Reinanke	Renke, Felche
Rindsuppe	Rinderbrühe
Ribisel	Johannisbeeren
Vogerlsalat	Feldsalat